내 고장 문화유산을 만나는 궁궐 여행

글 **신명철** · 사진 **최태규**

추천의 글

얼마 전 궁궐의 역사와 관련된 중요한 사건이 있었다. 일제강점기에 일본으로 유출된 경복궁의 「선원전」 현판이 100여 년 만에 돌아온 것이다. 선원전은 조선시대 궁궐 내에서 역대 왕들의 어진을 모시고 의례를 지냈던 왕실에서 신성한 공간이다. 이는 곧 왕실의 뿌리와도 같은 곳이며, 이를 표식한 편액은 매우 중요한 역사적 유물이다. 나라를 사랑하는 수많은 사람과 단체와 국가 차원의 노력으로 이를 강탈해 갔던 일본으로부터 비싼 비용을 치르면서까지 되찾아 온 것이다.

우리는 왜 이렇게 노력하는 것일까?

역사는 우리 민족과 대한민국의 뿌리이자 미래를 열어가는 데 있어 매우 중요한 자산이다. 그래서 우리는 역사를 잘 아는 것이 필요하며 역사를 바로 알기 위해 끊임없이 노력하는 것이다. 역사를 통해 좋은 전통을 잇고 반성을 통해 개선을 추구해 가야 한다. 이러한 노력을 통해 우리는 혼돈의 국제질서 속에서도 흔들림 없이 튼실한 미래를 구축할 수 있는 것이다.

이러한 맥락 속에서 신명철 선생은 오랜 시간 역사 공부를 하였고, 그러한 신념으로 학생 교육을 해 왔다. 그는 전국 곳곳에 드러나지 않은 유물에 많은 관심을 보이며 찾아다녔다. 그러한 문화유산의 참 의미를 밝히고 세상에 알리고자 하는 노력을 진심으로 해왔다. 그러한 노력의 결실로 첫 번째 역작 『주련 따라 떠나는 여행』을 출간하였다. 그리고 우리나라 「문화유산」을 서른여섯 해나 발품을 팔아 다니며 참 의미를 알아보고자 했던 노력이 조선의 궁궐과 관련지어 글로 풀어냈다.

 궁궐에 관한 서적이나 연구물들은 매우 다양하게 소개되고 알려져 있다. 그런 속에서 저자는 자신의 역사관에 비추어 정리하려 애썼으며, 궁궐 별로 각각의 내용을 기능이나 의미 등등의 잣대로 종합하려 하였다.

 이 책에서는 궁궐의 내력과 실제 이야기를 단편적 사실보다 종합적으로 정리하여 독자들이 총체적으로 이해할 수 있도록 노력하였다. 예를 들면 경복궁과 광화문 편에 궁궐의 배경 의미 등등을 설명하면서 화성「용주사 중문간」을 대비하였고 강릉시「어명정」을 등장시킨다. 또한 19대 임금 숙종 때의 이야기까지 전개함으로써 시간과 공간을 넘나들며 이를 통해 독자가 광화문의 이해를 돕는다.

 저자는 각 궁궐 또 궐내 각각의 건축물 등이 품은 사실적 내용과 의미들을 자세히 담아내고자 하였다. 이러한 사실을 바탕으로 일부에는 비평적인 모습도 보이며 새로운 인식을 시도해 보기도 한다. 이러한 점이 이 책의 매력이기도 하다.

 궁궐의 건물은 그냥 무의미하게 지어지는 경우가 없는 것 같다. 서까래 하나도 뜻하는 바가 있으며 지붕과 추녀에도 뜻이 담긴다. 책을 읽으며 재미를 더할 수 있는 요소들을 이 책은 담고 있다.

국가 재난 중에 훼손되거나 화재 등의 재난으로 변화된 모습을 보이는 건축물 등의 설명을 통하여 당시의 상황을 상상할 수 있도록 돕는다. 읽는 재미가 더욱 더해지는 요소이다.

쇠하는 고려를 무너뜨리고 신흥 사대부들이 새로이 건국한 조선의 중심은 한양이었고, 그곳이 국가의 번영과 아픔의 중심지였다. 조선은 세계적으로도 찾기 어려운 500여 년이라는 긴 기간을 백성과 더불어 행복과 슬픔을 함께한 왕조였다. 조선 왕조의 힘의 근원지인 한양 궁궐을 잘 이해하는 것 또한 조선을 잘 이해하는 것이다.

이 책은 많은 자료와 이야기를 제공함으로써 궁궐의 이해를 돕고 학문 연구 자료로도 중요한 역할을 할 것으로 기대한다. 일반 독자는 물론 미래의 주인공인 학생도 쉽게 볼 수 있도록 기술하고 있는 점을 높이 평가한다. 훌륭한 책의 출간을 축하합니다.

2025년 6월
전 서울특별시교육청 융합과학교육원장
이병화

책을 펴내며

따라쟁이

　조선 최고의 장인들이 힘을 모으고 유교 철학을 바탕으로 지은 궁궐은 전각의 이름 하나, 하나에도 깊은 의미가 담긴 그래도 사람들이 생활하는 집이다. 궁궐과 함께 화려함으로 친다면야 절집이 있기는 하나 집을 지은 목적이 다른 정적인 공간이다.

　궁궐과 견줄 수는 없지만 우리 고장에도 '궁궐 따라쟁이' 문화유산이 있지 않을까? 이런 생각에 마흔 해 가까이 전국을 누비며 발품 팔은 사진 한 장 한 장을 들여다본다. 관아 건물도 있고 집도 있으며 뜨락과 담장, 나무도 있다. 이렇게 보니 궁궐이 한결 가까이 보이고 따라쟁이 문화유산이 있는 우리 고장이 정겹고 친근해진다.

　궁궐은 각각의 독립적 영역으로 비슷비슷한 집들이 연이어 있으니 지루하고 다리 아픈 것만 기억되고, 체험학습 나온 학생들은 학습지에만 몰입되어 문제를 해결하느라고 야단법석이다. 창덕궁에 대해 선생님들과 이야기하며 경복궁, 창경궁 등 궁궐의 큰문과 가운데 문, 정전 앞문 등을 정리하니 서로 같음과 다름을 쉽게 알 수 있었다. 이를 바탕으로 경복궁 전각을 중심으로 기능이 비슷한 집들을 비교하고 우리 고장에서도 찾아보는 것에 의미를 두고 글을 썼다.

경복궁의 새로운 발견

지금까지는 경복궁 근정전 양쪽 기둥 앞에 놓인 청동 유물은 임금을 상징하는 솥이라고 하여 「구정」이라 불렀다. 근정전 월대의 짐승들은 십이지 신상인데 방향에 딱 맞지도 않고 특히, 개와 돼지는 이 틈에 끼지도 못했다고 하니 개띠, 돼지띠 학생들은 실망하기도 하였다.

2018년에 서울역사편찬원이 일본 와세다대학 중앙도서관에서 『경복궁영건일기』를 발견하였다. 「구정」이라 불리던 청동 유물은 「향로」라고 그 이름을 명확하게 하였고, 십이지신상의 띠 동물로 불리던 소, 뱀, 양, 호랑이는 하늘의 별자리 동물인 낙타, 교룡, 이리, 들개로 자신의 이름을 되찾았다.

풀 방구리 쥐 드나들듯 궁궐을 찾다 보니 대문 이름이 광화, 돈화, 홍화, 흥화문으로 '화' 자 돌림이다. '될 화' 글자는 바뀌고, 고쳐지고, 따른다는 의미인데 무엇을 바꾸고 가르쳐서 따르게 한다고 큼직하게 써서 붙였을까? 생각해 보면 고려에서 조선으로 왕조가 바뀐 것이지 이 땅에 사는 백성은 고려의 풍습 그대로 생활하며 살아간다. 부모가 돌아가시면 절집에서 제사를 올리고 결혼하면 신랑이 장인어른 집으로 들어가서 살았다.

천여 년 동안 불교를 생활화하던 백성이 하루아침에 유교 풍속으로 생활하려니 쉬운 일이겠는가? 그렇기에 태종은 삼천여 개의 절집을 242개만 남겼고, 세종대왕은 이 중에서도 36개만 남기고 모두 없앴다. 효와 충을 강조한 조선은 관리와 백성에게 불교식 장례를 막아 삼년상을 치르게 하고, 사당을 지어 제사를 올리도록 강요하였으며 이를 어기면 벌을 내렸다. 세종대왕도 관리들이 사당을 짓지 않는 관리들을 탓하며 전국에서 효자·열부 등 수백 명을 찾아 마을에 정려를 세워 표창하고 벼슬도 주었다.

소중한 인연

색 바랜 흑백사진 한 장, 지금은 불에 녹아 흔적만 남긴 낙산사 종을 두드려 탁본을 뜨던 때가 있었다. 양양 바닷가의 파헤친 흙더미에서 교수님과 한 소년이 마주하던 홍색 토기가 지금도 눈에 선하다. 그 소년이 그랬다, 솔밭에 가면 쿵쿵 울리는 곳이 있다고, 그곳이 지금의 「양양 오산리유적」이다. 내게는 문화유산과 인연을 맺은 가장 중요한 사건이다.

사진을 보고 또 들여다보니 함께 했던 사연들이 주마등처럼 떠 오른다. 인왕산 치마바위 위에서 카메라를 꺼내 경복궁을 촬영하려 할 때, "사진 찍으시면 안 됩니다."라는 평상복 차림의 경비 군인 목소리에 깜짝 놀란 일이 있었다. 북악산에서 한양도성의 바위 글자를 촬영하는 중에 경비 군인이 갑자기 나타나 카메라 영상을 점검하는 황당함도 있었다.
파주에서는 길을 잘못 들어 탱크 사격 훈련장으로 들어가 공포에 떨었고, 강원도 화천「계성리 석등」답사 때는 군부대 부사관께서 출입문은 열어주시는 고마운 불편함도 있었다. 무엇보다 이번 삶에는 어렵다고 생각했던 청와대의 문화유산까지 답사할 수 있었으니 이는 인생 최고의 선물이 아닐까?

　마흔 해 가까이 문화유산을 함께 찾은 김영철, 최태규, 임규식님께 한없는 감사를 드리고, 이 책이 나오기까지 도움 주신 분들께 머리 숙여 고마움을 전합니다. 또한 만성통증에 시달리며 남편의 뒷바라지에 정성을 다하는 아내, 그리고 아직은 궁궐보다 놀이공원을 더 좋아하는 사랑하는 신하연, 민지원, 민소연에게 이 책을 올립니다.

2025년 이른 여름
살구재에서 신명철

차례

궁궐과 어울리는 임금님 — 15

칠조룡 경복궁과 세종대왕 15	임금 바위 경희궁과 광해군 25
봉황이 깃든 창덕궁과 태종 19	황제의 궁궐 덕수궁과 고종 28
창경궁과 효자 성종 24	

궁궐의 대문 — 31

경복궁 광화문 34	경희궁 흥화문 43
창덕궁 돈화문 39	덕수궁 대한문 44
창경궁 홍화문 41	내 고장 문화유산 46

궁궐 담장 문 — 48

경복궁의 문 48	창경궁의 문 53
경복궁 동십자각 51	덕수궁의 문 54
창덕궁의 문 51	내 고장 문화유산 55

정전의 정문 — 62

경복궁 흥례문 62	창덕궁 진선문 66

궁궐의 다리 — 68

경복궁 영제교 68	경희궁과 덕수궁 다리 72
창덕궁 금천교 70	내 고장 문화유산 74
창경궁 옥천교 71	

정전의 앞문 — 79

경복궁 근정문 79	경희궁 숭정문 85
창덕궁 인정문 81	덕수궁 중화문 85
창경궁 명정문 83	내 고장 문화유산 87

조선의 정전 — 91

경복궁 근정전 93	경희궁 숭정전 111
창덕궁 인정전 103	덕수궁 중화전 112
창경궁 명정전 107	내 고장 문화유산 117

임금님 집무실 — 124

경복궁 사정전 124	덕수궁 즉조당 130
창덕궁 선정전 126	덕수궁 중명전 132
창경궁 문정전 128	내 고장 문화유산 134
경희궁 자정전 129	

임금님 사랑채 — 138

경복궁 강녕전 139	덕수궁 함녕전 147
창덕궁 희정당 142	덕수궁 덕홍전 151
창경궁 환경전 145	덕수궁 정관헌 152
창경궁 함인정 146	내 고장 문화유산 154

궁궐의 안채 — 156

경복궁 교태전 157	창경궁 통명전 172
경복궁 함원전 162	덕수궁 석조전 174
창덕궁 대조전 165	내 고장 문화유산 176

조선의 영빈관　　　　　　　　　　　　　180

경복궁 경회루	180	내 고장 문화유산	185
덕수궁 돈덕전	184		

조선의 내각　　　　　　　　　　　　　　188

경복궁 수정전	188	창덕궁 영의사	196
창덕궁 내각	191	내 고장 문화유산	198

조선의 관측기구　　　　　　　　　　　　203

풍기대, 해시계, 측우대, 관천대	203	내 고장 문화유산	206

왕세자의 집　　　　　　　　　　　　　　208

경복궁 동궁	208	덕수궁 양이재	214
창덕궁 성정각	210	내 고장 문화유산	216

궁궐의 부엌　　　　　　　　　　　　　　220

경복궁 소주방	220	내 고장 문화유산	223
경복궁 항아리	222		

임금님 어머니 집　　　　　　　　　　　　224

경복궁 자경전	224	창경궁 경춘전	232
경복궁 흥복전	230	내 고장 문화유산	233
창덕궁 석복헌과 수강재	231		

임금님 도서관　　　　　　　　　　　　　241

경복궁 집옥재	241	경복궁 집경당	244

창덕궁 낙선재	246	내 고장 문화유산	252
창경궁 영춘헌	250		

임금님 전원주택 — 255

경복궁 건청궁	255	내 고장 문화유산	266
창덕궁 연경당	260		

제사 모시는 집 — 271

경복궁 태원전	271	환구단	283
육상궁	277	내 고장 문화유산	287
창덕궁 선원전	281		

종묘 — 295

정전	295	문수동자와 세조	317
영녕전	306	용만관의 선조	319
내 고장 문화유산	309	나무꾼에 업힌 인조	323
조선을 세운 이성계	312	불취무귀 정조	326

궁궐의 뒤뜰 — 329

경복궁 뒤뜰	329	관람지	340
경희궁 황학정과 연지	331	옥류천	345
창덕궁 뒤뜰	332	창경궁 뒤뜰	351
부용지	332	내 고장 문화유산	354
애련지	337		

참고문헌　362

내 고장 문화유산을 만나는
궁궐 여행

　조선은 서울에 궁궐을 다섯이나 짓고 그것도 모자라 북한산과 남한산, 또 수원에 성을 쌓아 큰 집을 지어 행궁이라 하였다. 행궁은 임금이 머무르는 또 하나의 궁궐로, 남한산성 행궁에는 좌전이라 하여 정전과 영녕전을 짓고 종묘의 신주를 옮기는 것도 준비하였다. 같은 시기의 궁궐을 자세히 보면 경복궁과 창덕궁, 창경궁이 함께 하였고, 임진왜란 후 정동행궁과 경희궁을 더했으며, 고종 때 경복궁을 다시 짓고 덕수궁을 확장하여 오늘날에 이른다. 영조가 사랑했던 경희궁은 경복궁을 다시 지으면서 큰집 대부분을 옮겨 사용하였기에 궁궐의 구실을 할 수 없었다.

　광해군은 관리들이 궁궐 짓는 것을 말리자 "지금 사용하는 궁궐에서 생각지도 못한 일이 생기면 임금이 미리 옮겨갈 곳을 정해 두는 것이 필요하다."라고 하여 궁궐이 여럿 필요한 까닭을 분명히 하였다. 『조선왕조실록』에서 궁궐을 오고 간 기록을 보면 세종대왕은 창덕궁 안에 돌림병 환자가 많이 발생하니 부인과 함께 경복궁으로 이사했고, 헌종은 창덕궁 안에 천연두를 앓는 사람이 많아 창경궁으로 옮겼다. 인종은 중국 사신을 접대하기 위해 경복궁으로 옮겨 오고, 인조는 창덕궁과 창경궁이 모두 불에 타서 경희궁에 머물렀다. 태종은 더위를 피해서, 영조는 꿈자리가 뒤숭숭하다 하여 옮겼으며 광해군은 창덕궁이 단종과 연산군이 폐위된 곳이라 하여 몹시 꺼렸다. 정조 임금은 밤중에 목숨을 노리는 자가 있어 경희궁에서 창덕궁으로 옮겼고 고종 황제도 신변의 안전을 위해 경복궁과 창덕궁을 두고 덕수궁을 또 지었다. 이런 궁궐은 각각 어떤 특징을 지니고 있을까? 또 그 궁궐에 가장 잘 어울리는 임금님은 어느 분일까?

궁궐과 어울리는 임금님

칠조룡 경복궁과 세종대왕

〈세종대왕 동상〉

　경복궁 근정전의 주인이 어떤 철학을 바탕으로 정치를 하느냐에 따라서 백성의 삶이 풍족하기도 하고 궁핍해지기도 한다. 세종대왕은 백성의 목소리를 들어 세금 제도를 개선하고 여진족을 내쫓아 오늘날 압록강과 두만강에 이르는 영토를 확장했으며, 나아가 대마도를 정벌하여 왜구의 날뜀을 막았다.

　오늘날 줄긋기도 어려운 바다를 가지고 서로 우리 것이라고 나라마다 다투는데, 당시 나라의 땅을 넓힌다는 것은 얼마나 어렵고도 힘든 일이었을까? 그래서 우리는 광화문 광장 한가운데 세종대왕을 모시고 경복궁 주인이라 알린다. 세종대왕은 능력 있는 사람을 찾아 조선의 발전을 꾀하였다. 그들이 영원한 재상 황희 정승과 물시계인 자격루를 만든 과학자 장영실이다.

최만리는 "설총이 만든 이두는 많은 사람이 문자를 깨치게 했고, 학문 발전에도 큰 도움이 되었습니다. 그런데 또 언문을 만드니 누가 어려운 성리학을 공부하겠습니까?"하고 말했다. 세종대왕이 "설총이 백성을 위해 이두를 만든 것이라면 언문 또한 백성을 편리하게 하려는 것이다. 너희들이 설총은 옳다고 하면서 임금이 하는 일은 왜 그르다고 하는가?"라고 되물었다. 세상에 널리 펴서 알린 훈민정음은 그 당시 인터넷과 같은 구실을 하며 사방팔방으로 퍼져나갔다. 이는 한문 서적으로 양반들만 공유하던 모든 지식 정보를 훈민정음을 통해 백성에게 전한 혁명이었다.

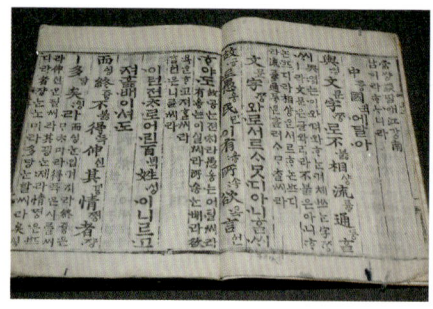
〈훈민정음 언해본〉

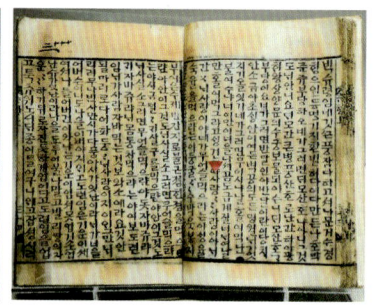
〈춘향전 한글소설〉

발가락 일곱 개의 용, 칠조룡과 봉황이 노니는 경복궁을 병풍처럼 감싼 웅장한 모습을 한눈에 보려고 광화문 광장 동쪽에 있는 대한민국 역사박물관 옥상 정원에 오른다. 경복궁과 북악산 뒤로 하얀 바위 봉우리 보현봉이 까치발을 들었고 인왕산과 북악 사이로 보이는 먼 능선에 솟아오른 비봉, 신라 진흥왕이 비석을 세운 봉우리가 반긴다. 가까이는 인왕산 바위가 빙 둘러 그 위용을 드러내고 발아래 잘 정돈된 의정부 터가 있다.

길 건너 정부서울청사는 조선의 계룡대인 의흥삼군부가 있던 곳으로 총무당을 가운데 두고 청헌당과 덕의당 큰 집이 있었다. 그래도 다행으로 성북구 삼선공원에 「총무당」, 육군사관학교에 「청헌당」을 옮겨 놓았고, 기둥에는 '의정부와 같은 지위의 관청으로 동과 서쪽에서 마주 보고 있네.'라는 글귀의 주련을 걸었다.

〈경복궁〉

경복궁은 1395년에 삼백아흔 칸이 넘는 큰 집을 짓고 이듬해 한양도성을 쌓았으며 마침내 웅장한 광화문을 세워 모습을 갖췄다. 태종은 연못을 파고 경회루를 짓고 세종대왕은 신무문을 내고 광화문에 월대를 마련하였으며 교태전과 동궁을 지었다. 1867년에 당시 조선의 십여 년 치 예산을 써가며 새로 지은 경복궁은 임진왜란 이전의 위치와 규모를 따랐으나 자경전과 흥복전, 장례식장인 태원전 등 필요에 따라서 더 많은 집을 지었다. 일제강점기 대부분 훼손된 경복궁은 1995년 광복 50주년을 맞아 옛 조선총독부 건물을 철거하고 흥례문과 영제교를 복원하면서 백여 채의 전각을 지었다.

〈근정전 닫집 칠조룡 — 복제〉

〈서울 삼군부 청헌당〉

〈북한산 진흥왕 순수비 — 복제〉

2018년 우리나라에 알려진 『경복궁 영건일기』는 고종 때 경복궁을 짓는 과정을 매일매일 기록한 책으로 현재 일본 도쿄 와세다대학 중앙도서관에 있다. 책에는 관악산 기운을 불꽃처럼 타오르는 형상으로 묘사했다. 그 기운을 막기 위해 관악산에서 나무를 베어 숯 여섯 가마니를 구워 근정전의 서북쪽과 경회루 북쪽에 나누어 묻었다.

관악산 연주대 바위에 둥근 우물을 팠는데 대략 지름 92㎝에 깊이 46㎝였고 바닥 한 가운데 야구공 크기의 웅덩이가 있다. 1866년에 경복궁을 짓는 경비를 위해 당백전을 만들었는데 신라 혜공왕 때 만든 속리산 법주사 미륵전의 키 4.5m 금동미륵불을 녹였다고 『속리산 대법주사기』에 기록되어 있다. 그 당시 사용되던 상평통보보다 조금 더 좋은 청동으로 주조한 당백전은 앞면에 「상평통보」, 뒷면에 「호대당백」이라 글자를 새겨 '호조에서 주조한 큰돈으로 일반 동전에 비해 백배의 큰 가치가 있음.'이라는 뜻이다.

〈상평통보 당백전〉

〈관악산 돌우물〉

봉황이 깃든 창덕궁과 태종

지하철 종로3가역에서 창덕궁을 향해 걷다 돈화문 용마루 위로 북한산 보현봉의 하얀 바위를 보는 순간 두 볼이 스르륵 올라가며 웃음을 감출 수 없다. 태종은 응봉 자락을 따라 내려온 긴 자루 모양의 땅에 잘 어울리게

〈창덕궁 돈화문과 보현봉〉

 이곳저곳에 인정전과 대조전 등 큰 집을 새로 짓고 봉황처럼 깃들었다. 북악산 아래 광화문에서 교태전까지 한 줄로 나란히 지어 궁궐의 질서와 위엄성을 강조한 경복궁과는 또 다른 모습으로 크고 훌륭한 도덕적 인품을 지닌 어진 분을 기리며 창덕궁이라 이름하였다.

 고종이 경복궁으로 이사하며 창덕궁을 비웠고, 1907년 순종 황제가 덕수궁에서 돌아오며 다시 궁궐의 기능을 하였다. 태종은 원천석을 스승으로 모시고 17살에 고려시대 문과에 급제했는데, 그 흔적이 강원도 횡성군 강림면 냇가의 바위에 있다.

〈횡성 태종대〉

1415년 태종이 원천석 선생을 기다렸던 곳에 태종대 바위 글을 새기고 영조 임금 때 말이 머물던 곳이라 하여 주필대 비석을 또 세웠다. 2차 왕자의 난을 일으킨 태종의 동생 회안대군은 전주에서 오래오래 살다 전주시 덕진구 두리봉 자락에 묻혔는데, 임금이 태어날 명당이라고 하여 땅 기운을 없애기 위해 불을 피워 뜸을 떴다고 하여 푯말을 세워 알렸다.

〈전주 회안대군 묘 혈맥〉

〈서울 광통교 정릉 석물〉

태조 이성계는 두 번째 부인 신덕왕후가 세상을 떠나자, 영국 대사관 근처에 능을 만들었다. 태조가 돌아가시자 한이 맺힌 태종은 성북구 정릉으로 옮겼고, 봉분에 썼던 병풍석과 난간석 등을 청계천의 광통교 다리 석축으로 사용했다.

셋째 아들로 임금에 오른 세종은 중국 주나라 문왕과 비유되는데, 이야기는 『논어』의 태백 편에 있다. 주나라 태왕은 태백, 중옹, 계력 등 삼 형제를 두었는데, 셋째 아들이 낳은 손자 '희창'이 총명하여 훌륭한 임금이 될 자질이 있음을 알게 되었다. 그래서 태왕은 손자를 왕위에 올릴 방법을 궁리하던 중 맏이가 아버지 마음을 알고 둘째와 같이 주나라를 떠나므로 셋째 아들이 임금이 되었다.

뒤를 이은 '희창'은 나라의 땅을 넓히고 백성의 삶을 넉넉하게 한 훌륭한 임금으로 '문왕'이라 불렀다. 공자는 아버지 고민을 살펴 효도를 선택한 태백을 대단히 어진 사람이라 하여 '지덕'이라 하고, 중옹은 사리에 맞는 깨끗한 행동을 보였다고 하여 '청권'이라 칭찬하였다. 조선에서도 이를 따라

서울 동작구 상도동에 있는 양녕대군 사당을 「지덕사」, 서초구 방배동에 있는 효령대군의 사당을 「청권사」라 이름하였다.

〈서울 지덕사〉

창덕궁은 임진왜란 때 불에 탄 것을 광해군이 다시 지었으나 인조반정 때 큰불이 일어 인정전을 남기고 대부분의 큰 집들이 불에 탔다. 일제강점기에도 대조전과 희정당이 큰불로 잿더미가 되자 경복궁 강녕전과 교태전 등을 옮겨 땅 모양에 맞게 지었다. 창덕궁은 지형을 잘 살리면서 자유롭게 집과 정자를 지어 건축과 정원이 서로 잘 어울리니, 1997년 유네스코 세계문화유산에 그 이름을 올렸다.

〈서울 청권사〉

창경궁과 효자 성종

　탁 트인 양화당 언덕에서 내려다보면 듬성듬성 앉은 창경궁의 집들을 한눈에 볼 수 있다. 성종은 할머니 자성왕대비(세조 부인), 숙모 인혜대비(예종 부인), 어머니 인수대비를 모시기 위해 환경전, 경춘전, 통명전 등을 짓고 궁궐을 넓히면서 명정전을 지어 창경궁이라 하였다. 성종은 세조 때 공을 세운 신하들의 권력을 견제하고자 김종직을 중심으로 사림세력을 등용하여 도덕 정치를 실천하려 하였다. 고을마다 향교를 짓고 생활 예절과 좋은 글, 충신과 효자 이야기 등을 가르치며 몸가짐을 바르게 하도록 하여 태평성대를 이룬다. 정조 임금도 어머니 혜경궁 홍씨에게 자경전을 지어 드렸고 매월 창경궁을 나가 아버지 사도세자의 경모당을 찾아 참배하니 어찌 효의 궁궐이 아니겠는가?

　임진왜란 때 불에 타 광해군이 짓고 순조 때 또 큰불이 나서 다시 지은 창경궁은 조선이 크게 번성하여 좋은 일이 많기를 바란다는 뜻이다. 일본이 1909년에 동물원과 식물원으로 바꾸고 수많은 벚나무를 심어 정원을 만들어 '창경원'이라 이름하였다.

〈창경궁〉

임금 바위 경희궁과 광해군

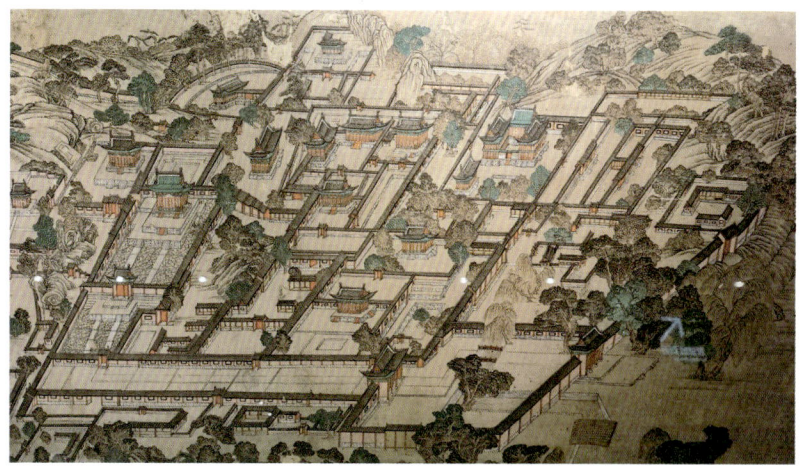

〈경희궁도〉

　흥화문 터 표석에서 금천교를 바라보며 「경희궁도」에 의지해 어렴풋이 옛 모습을 그려 본다. 광해군은 임금이 되어 명나라와 청나라 사이에서 실리를 바탕으로 외교를 펼쳤으나 정치적인 이유로 동생 영창대군을 죽이고 새어머니인 인목대비를 덕수궁 석어당에 가두었다. 비록 임금을 직접 낳은 어머니는 아니라 하더라도 자식이 부모에게 벌을 내릴 수 없다는 것이 유학의 기본 이념이었기에 이는 인조반정의 으뜸 되는 구실이었다.

　강원도 철원군 철원읍 「요동백김응하장군묘비」는 조선의 실리를 위한 외교를 극명하게 보여 준다. 명나라와 청나라가 강하게 맞붙은 '사르후 전투'에 명나라 지원군으로 참전한 김응하 장군은 장렬한 죽음을 맞는다. 명나라에서는 요동 지역을 다스리는 '요동백' 벼슬을 내렸고 조선에서도 영의정으로 벼슬을 높여 명나라 사신들이 오가는 길목에 보란 듯이 큰 비석을 세워 장군의 충성을 기렸다.

〈철원 김응하 장군 비〉

　광해군의 묘는 경기도 남양주시 진건읍에 있고 골짜기 건너편에 어머니 공빈김씨의 「성묘」가 있다. 성묘는 풍양조씨 고려 개국 공신 '조맹'의 묘 위에 후궁의 격식에 맞는 묘를 썼다. 그러나 광해군이 임금이 되자 좁은 공간에 난간석과 곡장을 두르고 문인석과 무인석을 갖춘 왕비 능이 되었고 임금에서 쫓겨난 뒤 다시 후궁의 묘로 낮췄다. 경희궁 집터는 인조 아버지 정원군 집이었으나 '새 문안 큰집에 임금 기운이 있다'라는 말이 돌자, 광해군이 집을 빼앗아 궁궐을 짓고는 경덕궁이라 하였다.

〈남양주 성묘〉

　선조의 다섯째 정원군은 첫째 임해군, 여섯째 순화군과 함께 조선 최고의 못된 인간으로 유명하다. 『선조실록』에 "정원군의 하인들이 행패를 부리니 하원군 부인이 큰 봉변을 당했다."라고 했다. 정원군의 하인들이 큰아버지인 선조의 맏형 하원군의 집에 쳐들어가 행패를 부리고, 큰어머니를 집에 끌고 와서 헛간에 가두는 못된 짓을 하니, 사람 죽이는 것은 말해서 무엇 하겠는가? 인조는 정원군을 어짊을 따르고 덕을 공경하며 글 잘하는 평안한 효자라는 뜻으로 '원종경덕인헌정목장효대왕'이라 이름 지어 임금 반열에 올리니, 이는 왕릉 뷰(view) 아파트로 유명한 김포의 장릉이다.

 남양주시 별내면 수락산 유원지 드는 길을 '순화궁로'라고 이름하였는데, 이는 헌종의 후궁 경빈김씨 순화궁이 아니라 아주 고약한 선조의 아들 순화군을 뜻한다. 이곳에 순화군이 묘가 있어 사람들이 "순화군 묘, 순화군 묘."하고 부르다가 발음하기 편한 순화궁 묘로 바꿔 전해오니, 길 이름까지 붙여 못된 인간을 알리고 있다. 경희궁의 옛 이름인 경덕궁은 인조의 아버지 이름인 '원종경덕'의 경덕을 함부로 부를 수 없기에 영조가 경사스럽고 평화로우며 즐겁다는 경희궁으로 이름을 바꿨다. 경희궁은 인조가 처음 이사했고 순조 때 큰불이 일어 절반이 넘는 집들을 태웠으며 경복궁을 지으면서 크고 작은 집에 돌까지 옮겨 건축자재로 사용하였다.

〈경희궁 임금 바위〉

황제의 궁궐 덕수궁과 고종

　인조가 석어당과 즉조당 두 채만 남기고 집주인에게 모두 돌려주며 270여 년 동안 잊혔던 덕수궁이 생물처럼 살아 움직인다. 고종은 경복궁에서 명성황후가 죽임을 당하고 집옥재에 갇혀 목숨이 위태롭게 되자 러시아 공사관으로 몸을 피하니 이를 아관파천이라 한다. 러시아 공사관은 정동 높은 언덕 위에 있어 고종은 미국과 영국 공사관을 내려다보며 어떤 생각을 하였을까?

　그 당시 미국은 상업적 이익을 추구하나 조선을 빼앗지 않을 것이라 믿었고 또 조미수호통상조약 제1조는 "조약 당사국이 부당한 처사나 위협을 당하게 되면 서로에게 알린 후 분쟁을 조정하여 화해하도록 한다."라고 하였으니 무척이나 믿음직했을 것이다. 아마도 미국에 의지한다면 일본의 위

〈덕수궁 중화전〉

협으로부터 임금을 안전하게 지켜줄 것이라고 굳게 믿고 미국 공사관 앞에 있는 덕수궁에 의지하기로 했다. 그래서 환구단을 세워 대한제국을 열었으며 대한문, 조원문, 중화문, 중화전에 이르는 궁궐을 마련하였다.

〈서울 옛 러시아 공사관〉

고종은 경복궁을 지키다 순국한 군인들의 넋을 위로하기 위해 장충단을 세웠는데, 이는 목숨 바쳐 충성한 사람을 칭찬한다는 뜻으로 오늘날의 현충원과 같은 역할을 하였다. 고종이 51세 되던 해, 순천 송광사에 「성수전」 현판을 내려 황실을 위한 기도처로 삼았는데 지금은 관음전으로 남았다. 황실 위패가 놓인 자리 위에 용 한 쌍과 마름꽃 창을 내고 조선 최고의 화려한 닫집을 올렸다. 양쪽 벽에 붉은 관복의 정1품 3명, 청색 관복의 종1품, 정2품 등 모두 14명의 관리들을 그려 넣었다. 1905년, 일본이 대한제국의 외교권을 빼앗는 을사늑약을 체결한다. 그 억울함을 호소하기 위해 1907년에 헤이그에 특사를 파견한 사건으로 고종은 황제에서 물러나며 경운궁도 덕수궁으로 이름이 바뀐다.

〈서울 장충단 비〉

 고종은 결혼 첫날 신혼 방에 들지 않으니 새색시 명성황후는 홀로 밤을 지새우며 남편인 고종의 사랑을 받기 위해 많은 생각을 하게 된다. 그러다가 꿈속에서 학과 바위가 있는 절집을 보았고 이를 찾아 소원을 빌며 큰 바위에 관세음보살을 새겼다. 그 후, 명성황후는 사랑을 흠뻑 받아 아들 셋에 딸 하나를 낳았다. 서울시 노원구 중계동의 「학도암마애관음보살좌상」은 그 아픔을 지닌 작품이다.

〈순천 송광사 관음전 벽화〉

궁궐의 대문

〈광화문 우진각지붕〉

〈초가 우진각지붕〉

　경복궁 광화문, 창덕궁 돈화문은 남쪽을 보며 앉았고 동쪽으로 문을 낸 것은 창경궁 홍화문, 경희궁 흥화문, 덕수궁 대한문이다. 대문은 이름 가운데 '화' 자를 넣어 백성을 가르쳐 이끈다는 의미를 품고 있으나 덕수궁만 '한' 글자를 썼다. 대문은 모두 우진각지붕으로 광화문, 돈화문, 홍화문은 이 층 문루이고 흥화문과 대한문은 단층이다. 우진각지붕은 초가지붕처럼 추녀마루가 용마루로 모이는 삼각형에 기와를 올렸기에 불화살의 공격을 막아낼 수 있는 장점이 있다. 지붕에는 용마루와 추녀마루에 기와를 층층이 쌓아 회반죽으로 두툼하게 마감하여 바람에 날리지 않도록 하고 그 위에 취두와 용머리, 잡상을 올렸다.

잡상은 삼장법사, 손오공, 저팔계, 사오정 순으로 놓였다. 하늘에서 귀한 복숭아를 훔쳐 먹으며 옥황상제를 괴롭히다 제천대성 벼슬에 오른 손오공, 달나라 선녀를 희롱하다가 쫓겨난 은하수를 지키던 수군대장 저팔계, 귀중한 술잔을 깨뜨려 옥황상제에게 쫓겨난 호위대장 사오정이다. 이들은 하늘나라 장군이었기에 하늘의 나쁜 귀신이 궁궐로 들어오는 것을 막기 위해 지붕에 올렸다. 맨 앞에 있는 삼장법사가 갑옷과 투구를 쓰고 있기에 이를 손오공이라고 주장하는 학자도 있다. 용머리는 바다에 사는 '이문'으로, 높은 곳에 올려 불을 빨리 발견하고 물을 뿜기 위해 입을 떡 벌리고 있는데 '교룡'이라 부르기도 한다.

〈경복궁 잡상〉

〈덕수궁 준명당 이문〉

'취두'는 바닷속 용궁에 사는 새 꼬리를 지닌 용으로 불이 나면 감았던 꼬리로 바다를 내려쳐서 큰 비바람이 일어나 한 번에 불을 끈다. 그래서 용마루를 힘껏 물고 바다를 세게 내리치기 위해 꼬리를 한껏 감아올렸다. 삼국시대부터 궁궐과 절집 용마루에 새의 깃과 꼬리를 장식한 치미를 올렸고 고려 후기에는 독수리 머리를 닮은 취두를 올렸다. 조선의 취두는 명나라의 영향을 받아서 용머리에 뿔과 귀가 있는 형상으로 위에 구멍을 내 못으로 고정한다. 비가 오면 이곳으로 빗물이 스미는 것을 막기 위해 칼자루처럼 생긴 뚜껑을 만들어 끼운 것을 검파라고 하는데 다른 곳으로 날아가지 못하게 하는 뜻도 있다.

태종 때 까치가 경복궁 근정전 취두에, 세종대왕 때는 들오리가 창덕궁 인정전 취두에 집을 지어 새끼를 치니 지붕이 지저분했다. 그래서 용머리와 취두에 삼지창, 오지창 등 '화꽂이'를 꽂아 새가 앉지 못하게 하여 배설물 피해를 막았다. 광화문, 돈화문, 대한문 앞에 월대를 두어 임금과 황제가 가마를 타고 궁을 나와 말에 오르는 의식을 진행하고 중국 사신을 맞이하기도 하였다.

〈창덕궁 희정당 검파 취두〉

경복궁 광화문

〈광화문 하마부도〉

〈광화문 봉황도〉

〈광화문 낙귀부서〉

〈광화문 용보〉

조선 으뜸 궁궐답게 석축을 쌓아 무지개문 셋을 두고 가운데 임금님 문 천장에 오색구름과 화려한 색깔의 꼬리 깃털이 휘날리는 봉황을 그렸다. 동쪽 문의 '하마부도'는 하얀 뿔과 초록색 눈썹과 수염, 목부터 꼬리까지 흐르는 뱀 비늘과 등줄기에 갈기를 곤추세운 한 쌍의 말 그림으로, 이들이 황하에서 지고 나온 것을 보고 중국 복희 씨가 팔괘를 만들었다. 서쪽 문의 '낙귀부서'는 황하 유역의 물결 일렁이는 낙수에서 등껍질 가운데 금색의 '왕' 자를 새긴 거북 한 쌍이 하얀 기운을 토하며 뭍으로 올라오는 그림이다. 중국의 하우 씨가 거북의 등껍질을 보고 아홉 개의 정치 철학을 만들어 '홍범구주'라 하였다. 문 위에는 발가락이 다섯 개인 용이 혀를 가슴까지 빼물고 똥그런 눈과 엇갈려 새긴 앞·뒷발이 슬며시 웃음 짓게 하는데 궁중 여인의 저고리 앞에 붙인 '오조룡 용보'를 쏙 빼닮았다. 석축 문루에는 고이는 빗물을 밖으로 내보내기 위해 혀를 턱밑까지 내민 용머리 물 빠짐 돌을 앞에 뒀다. 안마당에는 연꽃 물 빠짐 돌 밑면에 팔괘의 감ᚎ을 새겨 물과 관계 깊음을 알리고 있다. 석축 위에 벽돌을 낮게 쌓고 팔괘 무늬와 흰 바탕의 문양을 조화롭게 배치하여 아름다움을 더한다. 남쪽에 손ᚎ, 리ᚎ, 곤ᚎ과 점 하나가 박혀 있는 무늬가 있고, 북쪽에도 간ᚎ, 감ᚎ, 건ᚎ과 함께 불꽃무늬를 두었다. 동쪽에 진ᚎ, 서쪽에 태ᚎ를 합하여 모두 8장의 팔괘를 두었다.

광화문 누각을 드나드는 문머리에 포도덩굴이 가득하고 굵은 포도송이가 주렁주렁 열렸다. 포도는 잎이 넓고 넝쿨이 잘 뻗어 큰 그늘을 만들기에 사람들은 마치 천막을 쳐서 불티를 막는 것과 같은 구실을 한다고 '초롱'이라 하였다. 광화문 현판은 글자를 돌을새김하고 이에 맞게 구리판을 자르고 겉에 금박을 입혀 못으로 고정하였다. 근정전, 덕수궁 중화전도 같은 방식이다. 그래서 스마트폰 카메라로 현판을 확대 촬영하고 이를 다시 확대하여 보면 못 자국을 찾아볼 수 있다. 광화문은 임금의

〈저고리 오조룡 용보〉

〈광화문 용머리 물빠짐 돌〉

〈광화문 연꽃 물빠짐 돌〉

〈광화문 문루 포도 무늬〉

크나큰 가르침이 백성을 어질고 착하게 한다는 뜻이다.

강릉시 성산면 '아리바우길'에서 광화문 복원용 소나무의 그루터기를 만날 수 있다. 소나무 앞에서 큰소리로 "어명이오."를 세 번 외치고 나무를 베어낸 곳에 정자를 짓고 '어명정'이라 이름한 것이다. 이곳에서 베어진 소나무 세 그루는 서울 한복판으로 자리를 옮겨 화려하게 치장하였으니 참으로 소나무 팔자 알 수 없는 것이다.

숙종은 궁궐에서 사용하는 질 좋은 소나무를 관리하기 위해 소나무가 잘 자라는 곳에 백성의 출입을 막았다.

〈강릉 어명정 그루터기〉

〈원주 학곡리 황장금표〉

〈문경 황장산 봉산표석〉

경북 울진군 금강송면 소광리의 바위에 새긴 '황장봉계', 문경시 동로면의 황장산 봉산 표석, 강원도 원주시 구룡사 들머리에도 '황장금표'라고 새겨 백성들을 경계하였다. 서울 강북구 수유동 채석장에 '부석금표' 글을 새겨 구들장 돌을 뜯어 가는 것을 막았다. 왕릉의 운영비를 마련하는 숯을 굽기 위해 백성이 산에 들어가 나무를 함부로 베지 못하도록 대구 팔공산 자락 바위에 '수릉향탄금계'라고 글을 새겼다. 광화문 앞길이 남쪽으로 옹이처럼 볼록 튀어나와 담장에 붙었던 해치가 월대와 함께 자리를 찾았다. 월대는 임금님 길에 경계석을 두고 호암미술관에서 보관하던 소맷돌 해치가 제자리를 찾았고 건청궁 옆에서 있던 돌기둥은 양쪽으로 나눠 세웠는데 돌 색깔로 구별할 수 있다.

〈광화문 월대 해치〉

〈광화문 월대 옛 돌기둥〉

양쪽에 우뚝 선 해치는 화려한 받침대 위에 올랐는데 연꽃무늬 사이의 가운데는 테를 둘러 꽃문양을 아래위로 이어 새겼다. 귀퉁이에는 구슬 기둥을 새겼는데 「감은사지 동탑 사리내함」에서 통일신라 때 처음 세운 구슬 기둥을 볼 수 있다. 온몸이 크고 작은 동전 비늘로 가득한 해치는 앞다리를 곧추세우고 앉아 고개를 들었다. 주먹코만 보이는 얼굴에 왕방울 눈 위로 돌돌 말린 눈썹을 양쪽에 두고, 부메랑처럼 생긴 귀 아래와 목덜미에 갈기를 두툼하게 새겼는데 방울을 달아서 주인이 있음을 알렸다.

해치는 조선 후기에 유행하던 사자상을 기본으로 하여 만든 것으로 머리에 양 뿔 모양의 돌기를 뿔로 보아 해치라고 하고, 뿔로 볼 수 없기에 사자라고 주장하는 학자도 있다. 실제로 환구단의 사자는 크기가 작기는 하지만 광화문의 해치와 몹시도 닮았다. 해치는 정직하고 옳고 그름을 판단하는 짐승으로 관복의 흉배로 사용하였는데, 전주 '조경묘 출토 해치흉배'가 용머리 모습을 하였다. 월대 동쪽 옆에는 노둣돌이 하나 놓여 있는데 이는 말에서 내려 걸어오라는 말 없는 표시이다.

〈광화문 해치〉

광화문의 문루에서 층층이 뻗어 내린 담장은 사괴석을 쌓고 그 위에 서까래를 담 밖으로 쭉 내밀어 판자를 얹은 후 기와를 올렸다. 사괴석은 가로와 세로가 각각 20㎝에 길이가 40㎝ 정도의 사각뿔 형태로 한 사람이 옮길 수 있다.

〈감은사지 동 삼층석탑 사리장엄구〉

〈전주 조경묘 출토 해치흉배〉

창덕궁 돈화문

집을 지을 때 안채와 사랑채를 짓고 담을 두르고 마지막으로 대문을 세운다. 창덕궁도 처음 인정전, 대조전 등을 짓고 금천에 다리를 놓은 뒤 담을 두르고 남쪽으로 돈화문을 세웠다. 우리네 집이야 터를 고르고 기껏 일년 안팎에서 집을 짓는데 창덕궁은 대문을 세우는 데 7년의 세월이 필요했다. 태종이 돈화문을 세우고 중국의 하나라 우임금이 아홉 나라에서 청동을 거두어 아홉 개의 솥을 만들어 왕권을 상징한 것처럼, 조선 팔도에서 청동을 거두어 9톤의 큰 종을 만들었다. 큰 종은 밤 10시에 28번을 치고 새벽 4시에 33번을 쳐서 한양도성의 성문 여닫는 것을 알렸다. 28번은 하늘

〈창덕궁 돈화문〉

　의 사방에 펼쳐진 7개의 별자리 수의 합이고, 33번은 불교에서의 끝없는 세상을 뜻한다.

　돈화문 월대 계단 소맷돌 머리에 태극을 둘 새겼는데 동쪽은 회오리 모양을, 서쪽은 태극기의 태극 모양을 새긴 것이 눈에 띈다. 다른 궁궐의 대문은 세 칸인데 돈화문은 가운데 임금님 문을 중심으로 양쪽에 문을 냈다. 그러고는 문 옆에 한 칸씩 벽을 치고 밖으로 아래에 반 칸의 살창을 두니 조선 유일의 5칸 문이 되었다. 누각의 문에 홍색, 청색, 황색의 삼태극을 그려 넣었는데 이는 하늘과 땅, 사람을 의미하며 서로 융합하여 조화로움을 이룬다는 것이다. 우리나라에서 가장 오래된 태극은 신라 신문왕 때 경주시 문무대왕면 감은사터 장대석에서 찾을 수 있다. 용마루에 화꽂이 취두와 용두를 올린 돈화문은 임금이 큰 덕을 베풀어 백성을 믿음과 인정이 도탑게 가르치겠다는 뜻을 담았다.

40　궁궐의 대문

〈창덕궁 돈화문 살창〉

〈돈화문 월대 태극〉

〈경주 감은사지 태극〉

창경궁 홍화문

　동쪽을 향한 홍화문은 잡상 다섯을 올리고 누각에 흑백의 태극을 그린 것과 월대가 없는 것이 다른 대문과 차이를 보인다. 창경궁의 매표소는 홍화문보다 한 걸음 밖으로 나와 있는데, 호리병 장식을 올린 지붕이 십자 모양으로 남쪽 지붕과 짝을 이룬다. 궁궐은 궁전과 망루를 갖춘 궐을 뜻하기에 홍화문 양쪽에도 형식적이나 십자 망루를 갖춘 것이다. 홍화문은 백성이 어긋남 없이 서로 고르게 잘 어울림을 가르쳐 널리 퍼지게 한다는 뜻이다.

〈창경궁 홍화문〉

〈창경궁 남십자각〉

　영조는 홍화문에 나와 군역의 의무와 세금에 대하여 백성과 토론하고 그 결과 군역의 세금을 반으로 줄여 베 한 필씩 거두는 균역법을 시행하였다. 조선의 16세 이상의 남자는 군인으로 군역 의무를 다하는데 그렇지 못한 사람은 1년에 베를 두 필씩 내 군인에게 월급을 주었다. 임진왜란 전에는 양반이나 평민 모두 군역 의무가 있었으나 인조가 임금이 되면서 양반은 군역을 없앴다. 이 나쁜 정책이 철종까지 이어졌고 고종 때 다시 양반에게도 군역 의무를 지우는 정책을 펴 백성의 칭찬을 받았다. 정조 임금은 어머니 혜경궁의 회갑 잔치 때 홍화문 앞에서 가난한 오백여 집에 약 24kg의 쌀을 나누어 주었고, 수원 화성 행궁의 정문 신풍루 앞에서도 같은 행사를 벌였다.

〈화성행궁 신풍루 쌀 나눔 행사〉

경희궁 흥화문

 경희궁 금천교 앞 동쪽으로 놓였던 정문이 사라지고 서울역사박물관 서쪽에서 흥화문이 나타난다. 단층 흥화문은 궁궐의 대문으로 자기 자리를 잃어버렸고 월대도 갖추지 못했다. 일제강점기 이토 히로부미 사당의 경춘문이 되었고 호텔 신라의 정문으로 남았다가 1988년에 이곳으로 옮겨 세

왔다. 흥화문은 임금이 백성에게 어짊을 가르쳐 더욱 북돋운다는 뜻으로 우리 민족의 고난처럼 여기저기 다니면서 문지기 하느라 수고로움이 많았을 것이다.

〈경희궁 흥화문〉

덕수궁 대한문

〈덕수궁 대한문〉

덕수궁의 동쪽으로 문을 낸 대안문은 월대를 만들며 중화전에 걸맞게 대한문으로 이름을 바꾸었다. 월대 가운데 황제의 길을 두고 소맷돌에는 해치를 끼워 마무리했는데 광복 후, 길을 넓히면서 문 전체를 들어서 뒤로 물렸다. 지붕에서 일하는 사람의 안전을 위해 쇠사슬을 길게 늘인 장쇠를 앞뒤 기왓골과 지붕 옆에도 두었다. 덕수궁 큰 집마다 지붕에 걸린 장쇠는 세종대왕이 "경복궁 근정전이 높아서 만일 불이 나면 재빨리 오르기가 어려울 것이니, 쇠고리를 연결하여 처마 아래로 늘였다가 이를 잡고 오르내리면 어떠한가? 또 지붕 위가 위험하여 불을 끄려다 미끄러지면 잡을 만한 물건이 없으니, 역시 긴 쇠고리를 만들어서 지붕에 놓는 것은 어떤가?"라고 말씀하시기에 쇠사슬을 만들어 올린 것이 처음이었다. 대한문은 황제 궁궐의 정문으로 한양이 억만년 이어갈 터전에 자리하였으니 문 이름으로 특별히 정해 대한제국이 영원히 발전할 것을 기원하였다.

〈대한문 장쇠〉

내 고장 문화유산

광화문과 같은 구실을 하는 문화유산으로는 남한산성 행궁의 한남루, 수원 화성행궁의 신풍루가 있다. 경기도 광주 남한산성 행궁은 정문인 한남루와 급한 계단 위에 행각을 갖춘 외삼문과 내삼문 계단을 올라야 집무실인 외행전에 닿을 수 있다. 사랑채 구실을 하는 내행전은 뒤에 있고 한남루는 한강 남쪽의 큰 문이라는 뜻이다. 수원 화성 안에 있는 화성행궁은 큰 문인 신풍루와 좌익문, 중양문을 통해 봉수당에 이를 수 있다.

〈남한산성 행궁 한남루〉

〈전주 풍남문〉

〈화성행궁 신풍루〉

신풍루는 한나라 유방이 황제에 오르니 부모님도 장안에서 함께 살게 되는데, 고향인 '풍읍'에서의 자유로운 생활이 그리워 향수병에 걸린다. 그래서 고향과 똑같은 마을을 장안에 만들고 고향 사람들을 모두 옮겨 살게 하니 새로 만든 풍읍이라 하여 '신풍'이라 불렀다. 전주성 남문이 풍남문이고 전주관아 '풍패지관'은 '풍읍의 패현'을 줄인 것으로 조선 왕조의 시작을 알린다. 좌익문은 옆에서 돕는다, 중앙문은 빛이 모이는 한가운데의 좋은 자리라는 뜻이다. 사천왕문과 중문 앞에 해치가 지키는 화성 용주사는 융·건릉의 원찰이라 궁궐과 같은 절집의 구조를 갖추었다. 부산 수영성 남문에 '조선 개' 한 쌍을 두어 왜구의 움직임을 감시하게 하고 부산진성 서문 금루관 기둥돌에 "여기는 나라의 목에 해당하는 남쪽 국경으로 자물쇠와 같이 굳게 지킨다."라는 글을 새겼다.

〈부산 수영성 남문 조선 개〉

〈화성 용주사 중문 해치〉

〈부산진성 금루관 — 남요인후 서문쇄약〉

내 고장 문화유산 47

궁궐 담장 문

경복궁은 담장을 따라가며 석축을 쌓아 무지개문을 만들고, 그 위에 단층 우진각지붕의 문루를 두고, 계단을 오르는 양쪽에 벽돌을 쌓아 문을 냈다. 창덕궁과 덕수궁은 담장에 머리를 내민 한 칸짜리 솟을 문을 두었고 창경궁은 세자와 임금님이 드나들던 큰문과 작은 문이 함께 붙은 두 칸 문을 두었다.

〈경복궁 건춘문 쌍룡〉

〈경복궁 영추문 백호〉

경복궁의 문

동쪽의 건춘문 천장에 발가락이 다섯인 청룡과 황룡이 용트림하며 여의주를 희롱하는 모습을 그렸다. 건춘문은 봄의 시작을 알리고 임금의 친척들과 궁녀들이 출입하였다. 건춘문과 인연이 깊은 인물이 양반 아버지와 노비 어머니 사이에서 태어난 서자도 아닌 얼자 유자광이다. 유자광은 건춘문을 지키는 병사로

〈경복궁 신무문 현무〉

시작하여 세조 때 이시애의 난에 큰 공을 세워 높은 벼슬에 올라 많은 사건에 관여하였다가 결국 귀양으로 삶을 마감하였다.

영추문 천장에 송곳니를 드러내고 꼬리를 길게 뻗은 흰 호랑이 백호를 위아래로 두고 가운데 삼태극을 새겼다. 『경복궁 영건일기』에는 기린 두 마리를 그렸다 하였는데 지금과는 다른 모습이다. 아니 혹시 이 모습이 상상의 동물 기린일까? 가을을 맞이한다는 영추문은 콘크리트 기초 위에 올렸기에 칙칙함이 배어난다.

신무문 천장에 송곳니를 드러낸 거북이, 현무는 입에서 하얀 기운을 뿜어내며 뛰어난 무예를 뽐내기에 신무문 이름을 붙였다. 문 안 서쪽 석축에 '천하태평춘' 글자를 새겨 봄 같은 태평성대가 오랫동안 이어지길 기원하였다. 음양오행에서 동쪽은 창조와 탄생을 의미하는 청색, 남쪽은 복을 비는 붉은색, 서쪽은 성실한 삶을 뜻하는 흰색, 북쪽은 먹의 색깔을 의미하는 검은색, 가운데는 우주의 중심을 뜻하는 황색으로 나타낸다.

경복궁 동쪽 담장에 글자와 무늬가 많이 있고 서쪽의 영추문 부근에서 '만(卍)' 자도 보인다. 동쪽 담장은

〈경복궁 신무문 — 천하태평춘〉

〈국립민속박물관 정문 옆 담장〉

〈영추문 남쪽 — 만〉

경복궁의 문 49

사괴석에 글자와 무늬가 여럿 있어 찾는 재미도 있고 또 언덕을 오르는 곳이라 담장 계단의 기왓골과 서까래가 아름다움을 한껏 뽐내는 모습도 볼 수 있다. 국립민속박물관 정문을 지나니 뜬금없이 콘크리트 구조물을 가로지른 어설픈 곳이 있다. 직사각형 공간을 사괴석으로 막았는데 주변과 확실히 구분되는 여기가 바로 동쪽 비밀의 문이 있던 곳이다. 청와대와 마주하는 담장에 숨어있는 문이 둘 있는데 하나는 광무문이고 다른 하나는 계무문으로 북쪽 후원으로 통하는 비밀 문이었다.

〈경복궁 광무문〉

〈경복궁 계무문〉

경복궁 동십자각

〈경복궁 동십자각〉

　동십자각은 동남쪽 담장 모서리에 석축을 쌓고 누각을 올렸는데 일제강점기 경복궁과 청와대 사이에 자동찻길을 내며 길 가운데 홀로 남았다. 추녀마루에 용머리와 잡상을 올렸고 기왓골이 모이는 곳에 청동으로 만든 호리병 장식을 얹었다. 누각은 기둥에 화려한 연꽃과 넝쿨의 낙양각을 둘렀고 입구의 문머리를 보름달처럼 파낸 큰 돌을 얹은 것이 광화문의 누각 문과 닮았다. 이 문을 오르던 계단에 돌짐승이 있었는데 계단이 없어지면서 사라진 것을 2019년에 창덕궁에서 찾았다. 하지만 언제나 제자리를 찾겠는가? 자경전 계단 아래 있는 서십자각 해치를 보며 아쉬움을 달랜다.

창덕궁의 문

　창덕궁은 남쪽에 단봉문, 서쪽에 금호문, 경추문, 요금문 등의 문을 냈는데 하나같이 담장 위로 머리를 솟구쳐 올렸다. 돈화문 동쪽의 너른 공간으로 불룩하게 나온 담장을 빙 돌면 나타나는 단봉문은 임금의 친인척과 궁녀들이 출입하였고 환관들도 이용하였다. 단봉은 '붉은 단(丹)', '새 봉(鳳)', 글자를 써서 머리와 날개 끝이 붉은 봉황을 가리키며 임금의 명령을 전달하는 사람을 의미하기도 한다.

인조반정 때 인조가 이 문을 통해 들어왔고, 임오군란 때는 고종의 부인 명성황후가 궁녀 차림으로 도망간 문이다. 임오군란은 1882년 군인들이 포도청과 의금부를 점령하고 창덕궁으로 들어온 사건이다. 이를 빌미로 조선에 들어온 청나라 군대가 흥선대원군을 중국의 톈진(天津市)으로 납치하였다. 청나라와 일본 군대가 조선에 머물고 청나라는 위안스카이(袁世凱)를 통해 고종을 협박하며 조선의 내정을 간섭하려는 욕심을 본격적으로 보였다.

금호문은 돈화문 서쪽을 끼고 돌면 나오는데 금천교와 진선문을 마주하며 왼쪽으로 규장각, 검서청 등 내각이 자리하고 있어 관리들이 주로 이용했다. 금호문은 서쪽을 지키는 호랑이를 뜻하고 음양오행에서 동쪽은 나무, 남쪽은 불, 서쪽은 쇠, 북쪽은 물, 중앙은 흙을 상징한다. 1623년 인조반정 때 금호문의 수문장이 문을 열고 반란군을 맞아 창덕궁으로 들어갈 수 있도록 도왔는데, 문 옆에는 일제강점기 순종 황제가 돌아가시자 조선 총독을 암살하려던 송학선 선생의 표지석이 있다.

〈창덕궁 단봉문〉

〈창덕궁 금호문〉

〈창덕궁 요금문〉

경추문은 현판을 걸진 않았으나 효종이 어머니를 위해 만수전을 지으면서 낸 문으로 나중에는 군사들이 출입하였다. 정조 임금 때 경추문 북쪽 담을 넘는 수상한 사람을 잡으니, 한 달 전 한밤중에 경희궁 담장을 넘어 들어 왔던 자객으로 밝혀져 역모를 꾸민 자들이 죽임을 당했다.

요금문은 마을버스 정류장 옆에 창덕궁 담장을 벽으로 하여 가정집이 기댄 곳으로 서쪽이 찬란하게 빛나길 기원하는 뜻이다. 내시나 상궁들이 병이 들었을 때 들고나는 문이었다. 숙종의 부인 인현왕후가 쫓겨날 때, 순조 때 효명세자가 실학자 연암 박지원의 손자 박규수 집을 찾아 새로운 문물에 푹 빠질 때, 1884년 갑신정변 때 고종이 순조의 어머니 수빈 박씨 재실인 경우궁으로 피난할 때 이 문으로 나갔다.

창경궁의 문

〈창경궁 선인문〉

〈창경궁 월근문〉

창경궁의 선인문과 월근문은 창덕궁의 문보다 더 넓고 높으며 성균관으로 드나들기 편하게 집춘문을 냈으나 지금은 주민들과 갈등으로 현판조차 촬영하기 어렵다. 선인문 현판이 걸린 문은 왕세자가 성균관에 갈 때만 열었고 옆문으로 관리들이 드나들었으며 어짊을 넓게 펼친다는 뜻으로 서울 한양도성의 흥인지문과 같은 뜻이다. 창경궁 앞 함춘원은 봄기운을 가득

머금은 임금님의 정원인데 정조 임금이 아버지인 사도세자의 경모궁을 옮기고 홍화문 위쪽에 문을 낸 것이 월근문이다. 그리고 어머니 혜경궁 홍씨가 늘 볼 수 있도록 통명전 북쪽 언덕에 자경전을 지었는데, 함춘원은 서울대학교 의과대학 부속 병원이 있는 능선 전체를 포함한다.

덕수궁의 문

덕수궁의 서쪽 미국대사관 집 앞으로 난 평성문은 모든 일이 조화롭게 이루어진다는 뜻이고, 정동교회 앞 회전교차로 부근에 기와 담장 밑으로 월곡문을 냈다. 북쪽으로 영국 대사관과 마주하는 생양문은 밝은 기운이 솟아난다는 뜻이다.

〈덕수궁 월곡문〉

〈덕수궁 생양문〉

내 고장 문화유산

경복궁 영추문처럼 호랑이가 있는 서문은 둘이 있는데 하나는 흰 호랑이가 있는 서산시 해미읍성 「지성루」이고, 인천광역시의 강화산성 「첨화루」는 백두산 호랑이가 문을 지키고 있다. 조선 초기 성을 쌓을 때 구역을 정하여 지방 사람을 불러들여 쌓도록 하였다. 한양도성에는 조선 팔도의 백성을 불렀고, 해미읍성은 충청도, 고창 모양성은 전라도 고장 사람들을 불렀기에 지금도 그 고장의 이름이 성돌에 새겨져 전한다. 김포 문수산성은 순조 때 군인들이 고쳐 쌓았기에 고장 이름 대신 부대 이름을 새겼다.

〈서산 해미읍성 지성루 백호〉

〈강화산성 첨화루 호랑이〉

〈서울 한양도성 — 정읍〉

〈고창읍성 — 영광시〉

전남 장성군 백양사 절집에는 방향에 따라 색깔이 다름을 볼 수 있다. 백양사 사천왕의 얼굴색을 보면 동쪽에 청색 지국천왕, 남쪽에 홍색 증장천왕, 서쪽에 백색 광목천왕, 북쪽에 흑색 다문천왕으로 방위 색을 나타내며

〈서산 해미읍성 — 충주, 임천〉

〈김포 문수산성 — 삼패〉

〈장성 백양사 지국·증장천왕〉

〈장성 백양사 광목·다문천왕〉

나쁜 귀신이 절집으로 들어오는 것을 막는다.

  동십자각과 같이 망루 구실을 하는 충남 「보령경찰서 망루」는 6·25 전쟁 때 성주산에 남아 있던 패잔병들의 공격을 막기 위해 10m 높이로 지은 망루로 안에는 4층으로 되어있다. 김천 「부항지서 망루」는 북한 게릴라군의 침투를 막으려고 주민들이 7m 높이로 지었으며 지서를 잇는 지하통로가 있다. 이름은 다르지만 장수군 산서면에 「장수호룡보루」는 이념 갈등으로 벌어진 우리나라의 아픈 현대사를 생생하게 보여주는 문화유산이다.

  숙종의 부인 인현왕후는 어질고 착해 백성이 우러렀으나 자식을 낳지 못했다. 정2품인 '소의 장씨'가 아들을 낳자 기다렸다는 듯이 세자로 삼고 정1품 희빈 벼슬을 내리니 그가 장희빈이다. 노론 세력이 어린 아기씨를 세자로 정하는 것이 이르다며 반대하자, 숙종은 우두머리 송시열을 제주도로 귀양 보냈다가 다시 불러오며 전북 정읍에서 사약을 내렸고 인현왕후를 창덕궁에서 쫓아냈다. 이 사건으로 노론 세력이 쫓겨나고 남인 세력이 주요 관직을 두루 맡았는데, 이를 1689년 기사년에 정치 세력의 주체가 바뀌었기에 '기사환국'이라 한다.

〈보령경찰서 망루〉

〈김천 부항지서 망루〉

〈김천 청암사 극락전〉

궁궐에서 쫓겨난 인현왕후는 외갓집과 인연이 있는 경북 김천시 증산면 청암사 절집으로 내려가 삼여 년을 지내다 지아비 숙종의 부름을 받아 창덕궁으로 돌아왔다. 지금도 청암사에서는 인현왕후가 머물던 집이라 하여 불상도 모시지 않고 극락전 현판만 걸었다. 김천시 증산면 행정복지센터 앞 담장에는 인현왕후의 이야기를 벽화로 그려 널리 알리고 있다. 종로구 안국동 덕성여고 자리에 있던 인현왕후의 친정집은 정조 임금이 「감고당」이라 현판을 내렸다. 150여 년 후에 명성황후가 여주에서 서울로 올라와 궁궐에 들어갈 때까지 살았던 집이라 하여 경기도 여주시 명성황후 생가 옆으로 옮겼다.

〈여주 감고당 사랑채〉

〈서울 우정총국〉

갑신정변은 김옥균과 박영효 등 개화파가 1884년 12월 4일 우정총국 낙성식 때 일본의 지원으로 사건을 일으켰다. 그리고 창덕궁으로 들어가 청나라 군대가 쳐들어온다고 거짓말을 하고 고종을 경우궁으로 모셨다. 다음 날, 새로운 개혁 정부가 수립되었음을 일방적으로 선포하자 고종은 창덕궁으로 되돌아왔다. 12월 6일 청나라 군대가 개화파를 잡으려 창덕궁을 공격하니 일본군이 이를 막지 못해 후퇴함으로써 갑신정변은 막을 내리게 된다. 임금이 있는 창덕궁에 외국 군대가 들어와 총격전을 벌인 것은 이때가 처음이며 청나라와 일본은 「텐진조약」을 맺고 조선에서 군대를 철수했다. 서울시 종로구 「서울 우정총국」 앞에 말없이 힘든 세월을 함께한 회화나무만이 그날을 기억하고 있으리!

〈함양 동호정 ― 니산구도〉

〈서천 율리사 ― 맹종죽순〉

효명세자가 성균관에 입학하는 모습을 그린 『왕세자 입학도첩』이 있다. 세자가 창경궁을 나서 성균관 대성전에 절을 올리고 월대를 갖춘 명륜당에서 붉은 옷을 입은 스승에게 가르침을 청하고 폐물을 올리는 그림이다. 대성전에는 '대성지성문선왕'인 공자 신위를 모셨는데 전남 보성군 보성향교와 경남 함양군 서하면 「동호정」에 공자의 생애를 몇 장면으로 표현한 그림이 있다. 첫 장면은 아들을 낳기 위해 산에 올라 기도하고 마지막은 돌아가신 그림으로 '영원히 바뀌지 않을 가르침을 준 공자가 일흔넷에 돌아가셨다.'라는 글도 함께 있다.

　전설적인 효자 이야기로 오나라 맹종이 눈 속에서 죽순을 찾는다는 '맹종죽순', 진나라 효자 왕상이 얼음을 깨고 잉어를 잡았다는 '왕상빙리', 주나라 효자 '노래자'가 일흔이 넘어서도 어버이를 즐겁게 하려고 때때옷 입고 춤추고 엎어져 울며 재롱을 부렸다는 뜻의 '노래당'이다.

〈밀양 조광익 정려 ― 왕상빙리〉

〈수원 화성행궁 노래당〉

〈담양 명옥헌 원림〉

임금님의 정원처럼 양반들이 풍류를 즐기던 곳으로 인조가 임금이 되기 전에 들렀다는 「담양 명옥헌 원림」은 목백일홍이 붉게 피면 정자와 함께 장관을 이룬다. "내 집에 보물은 없다. 있다면 오직 '청백'뿐이다."로 유명한 「안동 만휴정 원림」, 정약용의 시와 초의 선사 그림 등이 남아 있는 「강진 백운동 원림」, 바위를 돌아 흐르는 물소리가 시원한 「예천 초간정 원림」, 세 곳의 연못과 함께 새벽 물가에 산을 마주한다는 「화순 임대정 원림」 등이 자연과 잘 어우러진 아름다움을 뽐내고 있다.

〈안동 만휴정 원림〉

〈예천 초간정 원림〉

〈화순 임대정 원림〉

정전의 정문

궁궐의 정문으로 경복궁의 흥례문, 창덕궁의 진선문이 있고 경희궁과 덕수궁에는 건명문과 조원문이 있었으나 아직 복원하지 못하고 있다.

경복궁 흥례문

〈경복궁 흥례문〉

흥례문 앞마당에서 이루어지는 화려하고 위엄있는 수문장 교대 의식은 경복궁을 찾은 외국 관광객들에게 많은 사랑을 받고 있다. 광화문에서 흥례문 계단까지 얇게 뜬 돌을 깔아 임금님 길을 내고, 협생문 부근에서 나온 약간 붉은 색이 도는 옛 경계석도 문 앞에 함께 사용하였다.

〈흥례문 동쪽 담장 협생문〉

〈흥례문 앞 수문장청〉

용성문은 흥례문 서쪽 담장의 솟을삼문으로 임금님이 영추문이나 신무문으로 나갈 때 이용하였는데, 유능한 관리를 등용하여 태평성대를 이루라는 뜻이다. 협생문은 동쪽 담장에 머리를 내밀고 경복궁을 지키는 군사가 드나들며 수문장 교대식 때 이용하고 있다. 협생문은 왕세자가 동궁에서 나와 광화문 밖으로 나갈 때 이용하였고, 임금님과 신하가 서로 화합하여 어진 정치를 이루라는 뜻이다. 동쪽 집무실 뒤에는 100여 명의 군인을 지휘하는 종9품 지휘관이 머무는 '초관처소'와 군인들이 당직을 서는 집이 나란히 있다. 경복궁을 경비하는 수문장 집무실 뒤를 돌면 벽 중간에 구멍을 내고 아래로 회를 두껍게 발라 길게 내린 것이 있다. 이것이 모깃불 굴뚝으로 아궁이에 불을 지피면 이곳으로 연기가 돌아 나와 처마 밑에 있던 모기 등 벌레들을 쫓아내는 모기향 구실을 하였다. 옛집에 돌을 쌓아 벽을 만들어 화재를 예방하기에 '화방벽'이라고 한다.

〈수문장청 모깃불 굴뚝〉

흥례문 계단에 판석을 끼우고 양옆에 해치를 두어 경계 지었는데 근정문 계단을 본뜬 것이다. 해치는 등줄기의 양쪽으로 털을 빗겨 내고 엉덩이 털을 올려붙여 꽃잎 같은 꼬리를 새겼으며 어깨와 허리춤에 불꽃무늬를 두었다. 판석에는 마름꽃을 겹으로 두르고 머리 장식깃을 곧추세워 여의주를 두고 마주하는 공작을 새겼다. 넓은 날개덮깃에 바깥날개깃을 새기고 동쪽 수컷은 천사의 깃을 활짝 펴고 눈동자 무늬와 깃가지를 세세하게 표현하였다. 서쪽 암컷은 천사의 짧은 깃을 세 가닥으로 길게 두고 공간마다 구름 문양을 새겼다. 마름꽃은 한자로 '능화'라고 쓰는데 국립중앙박물관에서 「능화창무늬 청화백자사발」, 「능화창무늬 청화백자접시」 등을 만날 수 있다.

흥례문은 처마 밑에 새들이 앉는 것을 막으려고 철망을 둘렀고 행랑의 처마 아래 기둥머리에도 화꽂이를 꽂았다. 동쪽에 궁궐의 문을 관리하는 부서, 서쪽에 궁 안팎의 행사와 임금님이 길을 나설 때 가마나 말을 관리하는 부서와 무기를 관리하는 부서가 있었다. 흥례문 첫 이름은 홍례문으로 청나라 건륭제의 이름인 '넓을 홍(弘)' 글자를 쓰지 않는 예를 따라 바꾼 것인데 창경궁의 홍화문 이름을 바꾸지 않은 것은 재미있는 일이다. 흥례문은 예의 바른 사람들이 넘쳐난다는 뜻으로 남쪽을 의미하기도 한다.

〈행랑채 화꽂이〉

〈능화창무늬 청화백자사발〉

〈흥례문 공작 계단〉

창덕궁 진선문

　진선문은 용마루와 내림마루 사이에 삼각형 벽을 갖춘 단층 팔작지붕으로 지붕의 삼각형 벽을 합각이라 하며 판자를 대거나 벽돌로 막고 여러 가지 무늬를 넣었다. 신하들이 바른말을 하고 훌륭한 인재를 추천하라는 뜻인 진선문은 남쪽에 오늘날 교통경찰대와 무기를 관리하는 부서, 행사에 필요한 천막 등을 관리하던 부서가 있고, 궁궐의 문단속과 함께 경계를 서는 경비대가 있다.

　금천교의 양쪽에 늘어선 회화나무는 7월에 황백색 꽃이 나무를 뒤덮으며 관광객을 맞는다. 중국의 주나라는 궁궐에 회화나무를 심어 태사, 태부, 태보 등의 자리를 정해 놓았는데 이는 조선의 영의정, 좌의정, 우의정과 같은 벼슬이다. 돈화문 동쪽은 비공개 지역으로 현판을 걸지 않았으나 임금님의 옷과 귀금속을 보관하던 부서, 관리들이 타고 온 가마가 놓이던 가마 주차

〈창덕궁 진선문〉

장, 임금님의 옷을 짓고 귀금속을 담당하던 부서가 있다. 안으로 쑥 들어가면 아랫사람들이 근무하던 '원역처소' 현판과 단봉문을 만날 수 있다. 진선문과 마주한 서쪽으로 왜 돈화문을 세우지 않았을까? 아마도 풍수에서 말하는 인왕산의 억센 바위 기운을 피하려 한 것이 아닐까? 하는 생각이 든다.

〈진선문 팔작지붕〉

〈창덕궁 회화나무〉

〈창덕궁 회화나무꽃〉

궁궐의 다리

〈경복궁 영제교 교룡〉

〈경복궁 영제교 수술한 하늘 사슴〉

〈경복궁 영제교 거북〉

경복궁 영제교

옛말에 '관수세심 관화미심'이라 하여 맑은 물을 보면 마음을 닦고 아름다운 꽃을 보면 마음을 가꾼다고 했다. 영제교는 궁궐 마당에 흐르는 명당수를 보며 관리들이 마음을 깨끗이 닦고 건너라는 깊은 의미를 담고 있을 것이다. 엄지기둥에 똬리를 튼 교룡은 앞발로 여의주를 움켜잡고, 구슬 띠를 따라 이엉처럼 엮인 등지느러미로 돌돌 말린 몸통 위에 뒷발을 올렸다.

물길 옆에 하늘 사슴 네 마리가 간사하고 악독한 기운을 물리치기 위해 이곳까지 불려 와서 궁성을 지키고 있는데 한자로 쓰면 '천록'이라고 한다. 남동쪽의 하늘 사슴은 언젠가 환구단 자리에 있던 남별궁에 나갔다가 조선에 온 청나라 사신이 기괴하다며 등줄기에 구멍을 뚫어 좋은 기운을 없앤 것이다. 남별궁은 태종의 둘째 딸 경정공주의 집이었는데 자손들이 재산 다툼을 벌이니 나라에서 빼앗아 관청으로 사용했다. 임진왜란 때 중국 사신을 맞이하는 태평관이 불에 타니 이곳에 머물게 되었고, 임금이 자주 드나들게 되니 남쪽에 있는 임금님 집이라 하여 남별궁이라 하였다.

그 후 경복궁을 다시 지으면서 제 집을 찾으니 그 모습이 흉해 둥근 돌을 다듬어 덮는 큰 수술을 했다. 그저 집 나서면 고생이라 하지 않던가? 북동쪽의 하늘 사슴이 바라보는 그곳에 거북 한 마리가 살고 있어 '비가 많이 오면 떠내려갈까? 가물면 목마를까?' 늘 걱정이다.

〈경복궁 영제교 하늘 사슴〉

북서쪽 하늘 사슴 앞 발가락은 마디마디에 비늘을 덮고 윗입술을 살짝 올려 혀를 내밀며 '메롱, 메롱!' 한다. '네가 날 놀려?' 어찌 이 한 마리만 이렇게 조각했을까? 광화문 용 얼굴에 턱밑까지 내민 혀와, 전북 순창군 순창읍 남계리 석장승도 혀를 내민 재미있는 모습을 하고 있다. 영제교는 다리의 구실을 오랫동안 하라는 뜻이고, 청와대 상춘재 앞에는 언제 어디서 왔는지 모를 하늘 사슴 한 마리가 혀를 내밀고 엎드려 있다.

〈순창 남계리 석장승〉

〈청와대 하늘 사슴〉

경복궁 영제교 69

창덕궁 금천교

〈창덕궁 금천교 교룡〉

〈금천교 거북〉

쌍무지개 다리 금천교는 궁궐의 다리로 가장 오래되었으며 임금님 길을 아주 넓게 낸 것이 특징이다. 엄지기둥에는 교룡을 올려 나쁜 것들을 쫓아내는데 서쪽의 교룡은 꼬리를 왼쪽 뒷다리 옆에 붙였고 동쪽은 꼬리를 반달 모양으로 말아 엉덩이에 올렸다. 돌기둥 아래 다리 밖으로 삐쳐나온 멍엣돌에 하늘나라 사슴을 조각하고 무지개다리가 잇댄 곳에 도깨비를 새겨 끼웠다.

〈금천교 하늘 사슴과 해치〉

1990년대 안내판에는 작은 용의 모습이라 하여 우리말로 '나티'라고 설명하였고, 또 중국의 전설 속에 나오는 '위'라고 주장하는 학자도 있으며 잠자리 청, 잠자리 정, 병사 무, 모래 사, 한자를 써서 '청정무사'라고도 한다. 다리의 남쪽은 해치, 북쪽은 거북을 두어 물을 타고 들어오는 나쁜 기운을 막았다. 금천교에서 진선문을 바라보면 어딘가 한쪽으로 치우친 불편함이 있는데, 이는 언젠가 금천교를 북쪽으로 틀어 옮겼기 때문이란다.

창경궁 옥천교

　옥천교는 성종 때 춘당지를 거쳐 흐르는 냇가를 가로질러 놓고 쌍무지개를 잇댄 좁은 곳에 '나티'를 새겨 끼웠다. 난간 판석은 연잎 받침돌을 돋을새김하고 양옆으로 마름꽃 창을 냈다. 엄지기둥 위에 앉은 교룡은 부메랑 귀에 어깨와 허리춤에 불꽃무늬가 있다. 동쪽은 웃으며 마주 보고 있고 서쪽은 입을 굳게 다물고 명정문을 향하고 있다. 서남쪽 교룡은 어느 때인지 모르겠지만 머리를 잃어 보는 이의 마음을 아프게 한다. 옥천교는 명당수를 건너 명정전에 이르는 다리이다.

〈창경궁 옥천교 교룡〉

〈옥천교 나티〉

경희궁과 덕수궁 다리

경희궁 금천교는 북쪽은 옛것이 제자리를 찾고 다른 부분은 새것으로 만들었다. 창덕궁 금천교처럼 다리 밖으로 삐져나온 멍엣돌에 하늘 사슴을 새겼는데 남쪽은 옛것이라 반가움을 더한다.

〈경희궁 금천교 하늘 사슴〉 〈경희궁 금천교 나티〉

〈덕수궁 금천교〉

덕수궁 금천교는 양옆에 난간을 세우고 엄지기둥에 연꽃 봉오리를 올렸으며 황제가 지나는 가운데 길을 한 단 높였다. 다리 북쪽에 모든 사람은 말에서 내려 걸어서 들어오라는 뜻의 '대소인개하마'라고 새긴 비석이 있는데 아마도 대한문 월대 밖에 있는 것을 옮긴 것으로 보인다. 『태종실록』
에는 궐문 앞에 알림판을 세워 1품 이하는 열 걸음, 3품 이하 스무 걸음, 7
품 이하 서른 걸음 밖에서 걸어서 들어오게 하였다.

내 고장 문화유산

　동양에서 방향에 따라 동쪽은 어질 인, 서쪽은 옳을 의, 남쪽은 예절 예, 북쪽은 슬기 지, 가운데는 믿을 신을 의미한다. 그래서 서울 한양도성에 흥인지문, 창의문, 숭례문, 숙정문, 보신각을 두었다. 숙정문의 '정'과 '지' 글자는 그 뜻이 서로 통하기에 빌려 쓴 것이다. 일본 오키나와 수리성 남문에도 숭례문처럼 예의를 지키는 나라라는 뜻으로 '수례지방' 현판을 걸었다.

〈서울 흥인지문〉

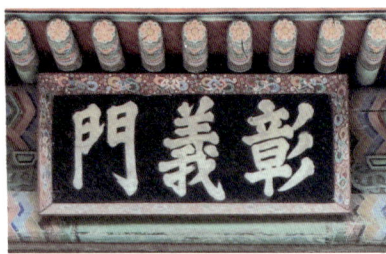

〈서울 창의문 현판〉

〈서울 숭례문 현판〉

〈한양도성 숙정문 현판〉

〈서울 보신각 현판〉

〈오키나와 수리성 남문〉

　옛날부터 양반은 회화나무를 심어 과거에 합격하고 정승 벼슬에 오르길 기원하였는데 경북 예천군 풍양면 「삼수정」, 경주시 강동면 「삼괴정」, 전북 임실군 삼계면 「오괴정」 정자가 그것이다. 천주교 신자들을 매달아 처형하던 충남 서산시 「해미읍성 회화나무」, 느티나무와 밑동이 붙어 함께 자라는 경북 영천시 금호읍 「약남리 회화나무」, 키는 작으나 줄기가 가장 굵은 경북 의성군 의성읍 「도서동 회화나무」 등이 있다.

〈예천 삼수정〉

〈임실 오괴정〉

〈영천 약남리 회화나무〉

　금천교처럼 무지개다리는 전남 보성군 「벌교홍교」, 순천 선암사 「승선교」, 여수 「흥국사 홍교」 등이 있다. 가장 큰 벌교홍교는 무지개 셋이 이어진 다리로 지금도 주민들이 사용하며 1958년에 여섯 번째, 2018년에는 일곱 번째 회갑 잔치를 열어 주었다. 순천 선암사 승선교는 절집으로 들어가는 계곡에 놓인 무지개다리로 냇물과 강선대가 함께 들어오는 모습이 황홀경에 쏙 빠지게 한다. 승선교 다리 천장에 용 한 마리가 머리를 쑥 내밀고 물을 타고 들어오는 나쁜 귀신을 감시하는데 '공하'라고 한다.

〈보성 벌교 홍교〉

〈여수 흥국사 홍교〉

〈순천 선암사 승선교와 강선대〉

〈순천 선암사 승선교 공하〉

〈고성 건봉사 능파교〉

내 고장 문화유산 77

〈논산 원목다리 용머리〉

 여수 「흥국사 홍교」는 공하는 물론 가장 높은 곳에 놓인 돌에 용머리까지 새겨 삐죽 내밀었는데 논산시 「원목다리」 위에도 용머리를 올렸다. 절집의 다리는 명당수를 건너 부처의 세계로 들어가는 상징적인 의미를 지니고 있는데 경북 의성군 「고운사 가운루」, 강원도 고성군 「건봉사 능파교」 등이 그것이다.

정전의 앞문

 경복궁의 근정문, 창덕궁의 인정문, 창경궁의 명정문, 경희궁의 숭정문, 덕수궁의 중화문으로 모두 가운데 '정(政)' 글자를 썼는데 덕수궁만 '화(和)' 글자를 썼다. 근정문은 공작 판석, 중화문은 용 판석 계단을 두고 숭정문은 월대까지 갖추었다. 경복궁은 광화문, 흥례문, 근정문, 신무문 순이고 중국 자금성은 오문, 동화문, 서화문, 신무문 순으로 있다. 일본 교토 어소는 건례문, 건춘문, 의추문, 삭평문이라 이름하며 일직선으로 놓였다.

경복궁 근정문

〈근정문 공작 판석〉

〈근정문 서쪽 행랑 유화문과 기별청〉

 근정문은 일화문과 월화문을 둔 행랑과 남쪽으로 뻗은 동·서 행랑에 마당을 흐르는 금천을 가로질러 영제교가 놓였다. 근정문 옆에 낸 일화문은 정치를 잘해 백성이 잘살기를 바라는 뜻으로 문관이 드나들고 월화문은 장군들이 나라를 튼튼히 지켜 백성이 평안하기를 바랐다. 임금님 계단과 공작 판석은 흥례문 계단을 복원할 때 기준이 되었는데 서쪽 해치는 엉덩이가 조금 깨졌다.

〈경복궁 근정문〉

서쪽 팔작지붕의 유화문은 임금님 길을 내 근정문 앞에 이르도록 하였는데 또 다른 흥례문 구실을 한다고 볼 수 있다. 수정전에 계시던 임금님이 근정문으로 들 때 이용하는 문으로 관리들이 예절 바르고 온화한 성품을 지녀야 한다는 뜻이다. 위쪽 작은 집은 기별청 현판을 걸었는데 이는 나랏일을 알리는 신문인 관보를 발행하던 곳으로 소식을 알려주는 관청이라는 뜻이다.

금천의 물이 나가는 동쪽의 덕양문은 동궁에 있는 왕세자가 근정문으로 들어올 때 이용했으며 어진 마음이 드러난다는 뜻이다. 남쪽은 궁궐의 행사 때 쓰이는 천막을 관리하는 부서가 있었다. 유현문 남쪽에 천막을 치는 일을 맡은 부서와 경비대가 있었다.

창덕궁 인정문

　인정문은 나라를 어질게 다스린다는 뜻으로 용마루 앞뒤로 대한제국 황실 문양 오얏꽃을 세 개씩 넣었다. 임금님 계단을 두고 양쪽에 짐승을 올려 몸통과 정교하게 맞물렸는데 돌의 색깔이 각각 다르다. 서쪽 행랑의 '정청'은 오늘날 공무원들의 승진과 이동 사항을 발표하던 부서, 남쪽 '상서원'은 옥새와 깃발과 행사 전용 도끼 등을 관리했다. '호위청'은 궁궐의 경비를 맡았다. 숙장문은 안채를 가리는 담과 같은 구실을 하며 엄숙하고 아름답게 빛난다는 뜻으로 남쪽에만 행랑을 두고 북쪽은 땅이 좁아서 행랑을 둘 수 없었다. 진선문 쪽 폭은 넓고 숙장문 쪽은 폭이 좁아 인정문 마당이 크게 찌그러진 것이니 참으로 기가 찰 노릇이다.

〈창덕궁 인정문〉

〈창덕궁 숙장문〉

〈인정문 정청 현판〉

〈인정문 상서원 현판〉

〈인정문 호위청 현판〉

창덕궁은 북악산 동쪽 매봉에서 내려오는 산줄기에 종묘가 먼저 자리 잡고, 넉넉하지 않은 터에 산줄기가 다치지 않게 남향집을 지으려니 어려움이 많았다. 인정문을 내고 마당을 고르려 숙장문 남쪽의 오똑 솟은 봉우리를 깎을 때 문제가 생겼다. 풍수에서 볼 때는 후원에서 흘러 내려와 종묘로 들어가는 매우 중요한 산줄기이기에 티끌 하나 건들 수 없었다. 그래서 어쩔 수 없이 땅 모양에 따라 사다리꼴 궁궐 마당을 놓았다. 당연히 창덕궁 건축 감독관은 옥에 갇혔고 목숨이 붙어 있는 것을 천만다행인 줄 알아야 했다.

인정문에서 처음 즉위식을 올린 연산군이 쫓겨나자 찌그러진 마당이 기분 나쁘다고 하여 인종은 창경궁 명정문, 명종과 선조는 경복궁 근정문에서 즉위식을 올렸다. 연산군의 즉위식을 보면 영의정, 좌의정, 우의정과 도승지가 함께 있는 선정전에서, 왕세자가 돌아가신 임금님의 도장을 받으면 도승지는 인정문 앞에서 종친들과 문무백관에게 새 임금님의 탄생을 알린다. 새 임금님이 가마를 타고 숙장문과 인정문을 거쳐 인정전 임금님 자리에 오르면 종친과 문무백관이 "천세, 천세, 천세"를 조용히 외치며 네 번 절을 올렸다. 의식을 진행하는 동안 새 임금님은 아버지가 돌아가셨기에 인정문 밖까지 들리도록 큰 소리로 하염없이 울어야 했다.

창경궁 명정문

동쪽으로 앉은 명정문은 흥화문부터 임금님 길을 놓았고, 양쪽으로 놓인 행랑이 냇물을 건너 담장까지 닿았다. 땅 높낮이가 안팎으로 달라 돌을 쌓아 땅을 고르고 문을 세웠는데, 임금님 계단은 밋밋한 경계석을 놓고 양쪽으로 한 단 낮은 계단을 두었다. 명정문은 나라 다스리는 일을 밝게 한다는 뜻이고 북쪽의 광덕문은 어진 행실이 빛난다는 뜻이고 숭지문은 지혜로운

〈창경궁 명정문〉

사람을 높이 받든다는 뜻이다. 남쪽 끝에 있는 주자소는 글자 모양의 활자를 골라 나무틀에 맞춰 끼워 활판을 만들어 한지에 인쇄하여 이를 묶어 책을 만들었다. 주자소에는 영조 때 만든 「임진자」, 정조 때 만든 「정리자」 활자를 보관하였다. 철종 때 주자소에 큰불이 나서 활자를 고정하는 판까지 불탔으나 다행히 금속활자와 틀은 온전하게 옮길 수 있었다. 정약용은 정조 때에 종5품 '규영부교서승' 벼슬을 받았는데 별과 바다를 아우르는 모든 분야의 책을 간행한다는 뜻의 '규영부'는 주자소의 또 다른 이름이었다.

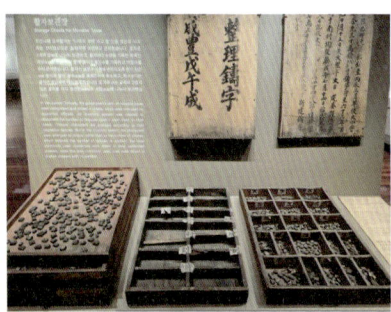
〈활자 보관장〉

〈경희궁 숭정문 공작 판석〉

경희궁 숭정문

 높은 곳에 세운 숭정문은 정전의 문 중에서 유일하게 월대를 갖고 있다. 아래 월대는 모란꽃을 등에 새긴 해치를 양쪽으로 두어 임금님 길을 구분했다. 위 월대는 가운데 공작 판석을 두고 양쪽으로 해치를 두었는데 숭정전 월대의 공작 판석을 본떠 만들었다. 창경궁 명정문을 본뜬 숭정문은 나라 다스리는 일을 드높인다는 의미를 담았다.

덕수궁 중화문

〈덕수궁 중화문〉

 한쪽에만 검파를 끼운 짝짝이 취두를 올리고 잡상은 가장 많은 일곱 개를 올렸다. 황제 계단의 해치는 주먹코에 한 가닥 콧수염으로 멋을 내고, 왕방울 눈 위의 양쪽으로 반달눈썹을 뒀다. 어깨와 허리춤에 불꽃무늬를 두고 구슬 띠가 등줄기를 이루며 꼬리털을 단정히 빗겨 양쪽에서 말아 올려 엉덩이에 걸쳤다. 또한 머리에 뿔 하나를 달고 송곳니를 드러내었으며 가슴에 돌돌 말린 털을 두고 앞발을 가지런히 모았다. 쌍룡 판석은 마름꽃 안에 발가락 다섯의 용 한 쌍이 여의주를 두고 힘을 겨룬다. 자세히 살피기 어려우나 궁궐의 앞문 중에서 유일하게 쌍룡을 새겼다.

중화문 동쪽에 뚝 떨어져 있는 집은 중화문과 중화전의 동쪽 행랑으로, 섬처럼 남아 관람객들이 휴식 공간으로 이용한다. 터 좁은 덕수궁이라 길 건너 독일 공사관을 사들여 관청으로 사용하면서 담장 위로 구름다리를 놓아 관리들이 오가도록 하였다. 덕수궁 돌담길에서 보면 큰 돌을 쌓아 다리를 받쳤던 흔적이 있다.

〈중화문 황제 계단〉

〈덕수궁 담장 육교 흔적〉

내 고장 문화유산

근정전의 근정문처럼 그 문의 특징을 알려주는 문들이 있다. 강원도 원주시의 강원감영 정문으로 「포정루」가 있고, 고려시대 건축 양식의 강릉객사 「임영관 삼문」은 우리나라에서 가장 오래된 문이다. 임영(臨瀛)은 동쪽 바다 가까이 있는 고장이라는 뜻으로 강릉의 옛 이름이다. 완도 객사 청해관의 정문으로 「호남제일번」 현판을 걸었는데 가리포 수군 본부를 옮긴 청해관은 통영 「세병관」, 여수 「진남관」과 함께 조선 3대 수군 본부로 꼽힌다. 현판은 호남에서 제일 먼저 왜군을 물리친다는 의미를 담고 있다.

〈원주 강원감영 포정루〉

〈강릉 임영관 삼문〉

〈완도 청해관 삼문〉

〈울산도호부아문〉

〈능주 죽수절제아문〉

울산 동헌에 「학성도호부아문」 현판을 걸었는데 학성은 울산의 옛 이름으로 임진왜란 때 학성공원에 왜군이 쌓은 성의 흔적을 볼 수 있다. 조선의 도원수 권율과 명나라 부총병 양호 장군의 조·명 연합군이 이곳에서 치열한 전투를 벌였다. 현재는 2017년 가학루를 복원하고 그 자리에 있던 학성도호부아문을 울산광역시 중구청 옆 단장공원으로 옮기며 『울산도호부아문』 현판을 걸었다. 충북 청주의 충청도 병마절도사 「정곡루」는 서산 해미읍성에 있던 것을 효종 때 청주로 옮긴 것으로 과녁의 한가운데를 이르는 "정곡을 찌른다."라는 말은 우리에게 친숙하다. 전남 화순 능주객사 「죽수절제아문」은 대나무처럼 곧다는 의미를 지녔다. 특히 이곳은 조광조가 유배되어 사약을 받았다는 비석이 남아 있어 최인호의 장편소설 「유림」에 첫 배경으로 등장한다.

〈충청도 병마절도사 정곡루〉

경북 예천 용문사에 있는 「폐비 윤씨 태실」은 조선의 유일한 왕비 태실인데, 연산군의 어머니로서 성품과 행실이 바르지 못해 성종이 사약을 내렸다.

국립중앙박물관은 임진자로 인쇄한 선왕들의 업적인 『갱장록』, 한구자로 인쇄한 규장각 초계문신들의 글 모음인 『규화명선』, 정리자로 인쇄한 『화성성역의궤』를 활자와 함께 전시한다.

〈예천 폐비 윤씨 태실〉

〈임진자 갱장록〉

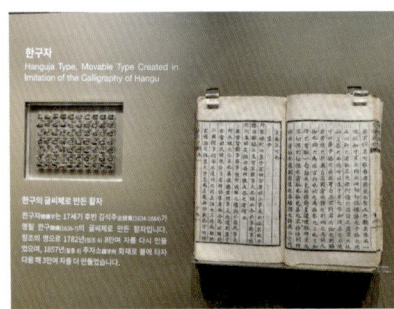
〈한구자 규화명선〉

〈정리자 화성성역의궤〉

조선의 정전

〈경복궁 근정전 품계석과 차일고리〉

〈경복궁 근정전 솟을빗꽃살〉

 뜨락에 돌을 얇게 뜬 구들장 돌을 빼곡하게 깔아 햇빛이 은은하게 튀는 가운데 임금님 길을 둔다. 양옆으로 행정을 담당하는 문신과 나라를 지키고 궁궐을 경계하는 무신으로 나눠 품계석을 세웠다. 정조 때 세운 품계석은 정1품부터 종3품까지는 정과 종을 구분하여 여섯 개를 세웠다. 정4품부터 정9품까지는 품계석 여섯 개를 두어 한 줄에 12개씩 양쪽으로 24개를 세웠다. 바닥에는 쇠고리 여럿을 두어 천막을 칠 때 유용하게 사용하였다.
 정전은 빙 돌아 출입문과 창문을 걸어 안을 밝게 하고 창살은 위로 솟은 창살과 빗겨 오른 빗살이 서로 맞물린다. 살대 안팎을 교묘하게 파내 서로 어울려 꽃잎으로 끊임없이 피어나는 '솟을빗꽃살'을 걸었다. 고종과 순종 황제가 머물던 덕수궁 중화전과 창덕궁 인정전은 황제의 궁궐이라 하여 문살을 황색으로, 근정전과 경희궁 숭정전은 임금의 궁궐이라 하여 초록으로 단청했다. 창경궁의 명정전 문살도 초록이었다고 하나 단청이 바래 현재는 나무 고유의 색깔 외에는 찾기 어렵다.

〈덕수궁 중화전 솟을빗꽃살〉

잡상은 중화전이 열 개로 가장 많고 명정전이 다섯 개로 가장 적다. 근정전과 인정전만 두 개의 지붕을 지녔으며 다른 정전은 지붕 하나의 단층 팔작집이다. 임금 자리에 '일월오봉(日月五峰)' 병풍을 놓고 초록색 작은 목재를 화려하고 섬세하게 맞춰 쌓은 닫집을 올렸다. 닫집 아래 삐죽 내려온 연꽃 봉우리 기둥에 붙인 '유음풍혈(流音風穴)'은 모란꽃과 초록 넝쿨을 나무판에 새기고 여백을 파내 바람길을 낸 낙양각과 비슷하다. 닫집 천장에도 봉황이나 쌍룡을 화려하게 그려 넣었는데 밖에서는 볼 수 없는 것이 매우 아쉽다.

일월오봉 병풍에서 일월은 해와 달을 뜻하고, 오봉은 금강산, 묘향산, 지리산, 백두산과 가운데 북한산을 두었다. 두 줄기 폭포와 파도가 일어나는 바다는 관리들이 궁궐에 모여 임금님을 뵙는 모습을 상징하며 두 그루 소나무는 조선의 무궁한 발전을 뜻한다.

〈덕수궁 중화전 닫집〉

경복궁 근정전

　근정전의 천장에 발가락이 일곱인 두 마리 용과 여의주, 오색구름을 조각하여 쇠막대에 걸었는데 근정전의 임금님 자리는 국립중앙박물관 근세관에서 축소한 모형으로 만날 수 있다. 지붕의 가운데에 피뢰침을 꽂아 낙뢰의 피해를 예방하고 또 사정전 계단에서 기왓골에 늘어 내린 장쇠를 볼 수 있는데, 경복궁에서는 근정전과 경회루, 수정전에서만 볼 수 있다. 근정전 뜨락은 신선이 소매를 펼쳐 춤을 추는 '선인무수형'이라 활동적인 기운을 듬뿍 담고 있는 곳이란다. 그래서 심리적으로 위축된 사람들이 이곳의 기운을 받으면 안정감을 되찾을 수 있다고 한다.

　근정전은 외국의 손님을 맞이하고 국가적 행사를 치르는 곳으로, 임금님이 부지런하면 모든 백성이 평화롭고 행복하다는 뜻이다. 월대는 동서 54m, 남북 56m로 정전 중에서 가장 크고 6개의 계단이 있다. 이야기의 편리를 위해 동쪽은 청룡 계단과 낙타 계단, 남쪽은 봉황 계단, 서쪽은 원숭이 계단과 백호 계단, 북쪽은 거북 계단으로 이름을 붙였다. 봉황 계단은 임금님 길에 봉황 판석을 두어 기둥머리의 짐승들과 함께 최고의 화려함을 보인다. 아래층 봉황 판석과 해치는 옛것이고 새롭게 난간을 세워 기둥머리에 짐승을 올렸다.

　『경복궁 영건일기』에 향로라 부르는 큰 용향로는 세조 때 광화문 앞 종루에 걸었던 큰 종을 녹여서 만들고 나머지는 근정전 추녀에 끼운 용머리와 당백전을 제작하는 데 사용했다. 용향로 받침돌은 2단으로 팔각형 위를 둥글게 다듬고 홈을 파 다리 셋을 고정하였다. 다리와 발은 비늘로 덮고, 종

〈경복궁 근정전〉

아리 털은 곱게 빗겨 아래위로 말고, 위에는 툭 튀어나온 눈과 머리에 뿔을 가진 용의 얼굴을 새겼다. 용향로 몸통 한가운데는 무늬가 없고 아래는 파도가 일어나는 바다와 물방울을 나타냈다. 이는 관리들이 임금님 뵙는 조정을 상징하였으며 위에는 구슬 띠와 연꽃을 빙 둘렀다. 향을 피우는 윗부분에 둥근 테를 둘러 여덟 방위에 꼭 맞게 팔괘를 놓았는데, 팔각형 받침돌과도 방향이 잘 어울리며 귀처럼 솟은 손잡이에 안팎으로 봉황을 새겼다.

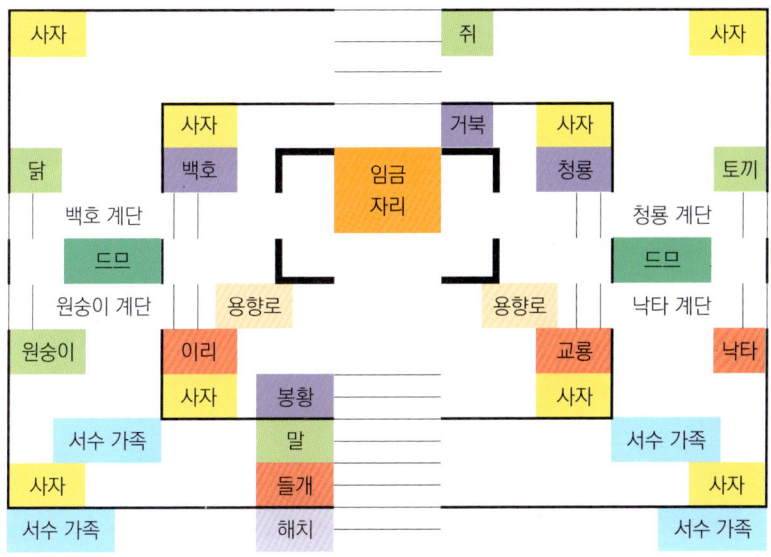

〈근정전 월대 배치도〉

용향로는 워낙 크기 때문에 몸통을 한 번에 만들 수 없어서 조선백자 '달항아리'처럼 아래위로 몸통을 각각 만들어 하나로 붙였다. 용향로에 용머리가 달린 뚜껑은 광복 이후에도 있었다는데, 지금은 그 행방을 찾을 수 없다. 궁궐의 중요 행사에 향을 피우는 용향로는 기막히게도 그 모양이 복제되어 유명 관광지 휴지통 구실을 하는 모습이 안타깝기만 하다. 경남 통영시 한산면 제승당과 의령군 충익사 길가에 있는 향로 휴지통이 그것이다.

〈근정전 용향로〉   〈근정전 드므〉

〈근정전 용향로 팔괘〉

드므는 가마솥처럼 우묵하게 만들어 물을 담아 방화수로 사용한다고 하지만 험상궂게 생긴 불귀신이 왔다가 물에 비친 얼굴을 보고 놀라 달아나게 한다는 상징적인 의미도 담고 있다. 그래서 잘 비추도록 솥의 입이 넓어야 하고 겨울에도 물이 얼지 않게 숯불을 피우는 것도 큰일이었다. 드므는 무쇠로 만들어 낙타 계단과 원숭이 계단 옆에 두었는데, 옆면에 5개의 테를 두르고 卍, ○, 水 등을 넣어 단조로움을 피했다.

아래 봉황 판석은 마름꽃을 겹으로 둘러 봉황을 두고 네 귀퉁이에 꽃과 넝쿨을 돌아가며 새겼다. 봉황은 머리보다 큰 볏과 어깨에는 날갯깃을 표현하고, 바깥에 활짝 편 억세고 강한 날갯깃이 삼각형을 이룬다. 길고 화려한 깃은 안쪽 테두리를 따라 돌렸고 동쪽의 수컷은 꽃 넝쿨 같은 깃을 아래로 길게 펼쳤으며 서쪽의 암컷은 구슬 띠로 깃을 표현하였다. 봉황 판석과 계단 디딤돌 앞면은 꽃과 넝쿨을 새겼는데, 이는 중국 요임금의 궁궐 계단에서 자랐다는 풀로 봉황과 함께 태평성대를 뜻한다.

〈근정전 봉황 판석 — 위〉

〈근정전 봉황 판석 — 아래〉

위층 봉황 판석은 불꽃 갈기의 태극 무늬 여의주를 두고 봉황의 위치가 바뀌어 서쪽이 화려한 꽃 넝쿨 꼬리를 지닌 '봉'이고, 동쪽이 톱날 문양 깃의 '황'인 것이 다르다. 기둥 머리에 올린 짐승까지 한 돌로 기둥처럼 다듬었으니 어려움이 몇 배가 되었을 터다. 방향에 맞게 청룡, 백호, 봉황, 거북을 두었고 아래에는 토끼, 말, 닭, 쥐 등을 올렸다. 예전부터 날마다 밤하늘의 달과 별을 관측하고 별자리에 짐승 이름을 붙인 교룡, 들개, 이리, 낙타를 월대에서 만날 수 있다. 그

〈근정전 해치〉

〈근정전 들개〉

동안 우리가 잘못 알고 있던 소, 뱀, 양, 호랑이는 『경복궁 영건일기』에서 낙타와 교룡, 이리, 들개로 이름을 명확하게 했다.

봉황 계단 기둥에는 해치, 들개, 말, 봉황 순서로 올렸다. 첫머리의 해치는 주먹코에 앞발을 곧추세워 앉아 송곳니를 드러냈다. 등줄기 따라 양쪽으로 짧은 털을 빗겨 새겼으며, 꼬리털은 두툼하게 부채처럼 펴서 엉덩이에 올려붙였다.

〈근정전 말〉

〈근정전 봉황〉

〈근정전 낙타〉

들개는 낮은 콧등에 콧수염 넷이 뺨을 가렸다. 은행알 눈에 눈동자까지 두고 반달 모양의 억센 눈썹을 솟구쳐 새겼다. 꼬리는 풍부한 털을 부챗살처럼 잘 빗겨서 엉덩이에 올려붙였다.

말은 몸을 ㄷ(디귿) 자로 구부려 발을 모아 배를 깔고 앉았는데, 동쪽 말은 오른쪽의 짧은 앞발과 뒷발을 편 모습이 묘해 보인다. 길쭉한 얼굴에 쭉 빠진 입 위로 코끝을 새기고 동그란 눈과 눈썹을 깊이 새겨 입체감을 더했다. 좁게 붙은 귀 옆으로 머리털을 새기고 목에는 갈기를 표현하였으며 꼬리를 감아 뒷다리 옆에 붙이고 끝에 풍부한 말총을 새겼다.

봉황은 왕관 같은 벼슬에 날카롭게 찢어진 눈과 매서운 부리를 두고 길쭉하게 늘어진 고기수염을 새겼다. 날개 안쪽으로 화려한 꽁지깃을 감고 목덜미 깃털이 점점 커지면서 층을 이루어 다양한 몸통 깃털을 보인다. 옹골차게 파인 양어깨에는 날개깃 아래 억센 바깥날개깃이 삼각형을 이루며 짧고 굵은 다리와 두툼한 발가락을 갖췄다.

낙타 계단의 낙타는 앞발을 꿇고 앉아 마주 보고 있는데 은행알 눈에 아래위로 눈꺼풀을 길게 찢었다. 길쭉한 얼굴에 V자 턱을 지니고 두 귀는 머리에 착 붙였다. 등에는 두 줄의 띠를 두고 꼬리 털을 곱게 빗겨 새겼으며 발은 말발굽을 닮았다.

교룡은 똬리를 틀고 앉아 송곳니와 어금니를 드러내고 턱수염을 가지런히 빗겨 내렸다. 움푹 들어간 눈에 둥글게 말린 눈썹을 이마에 두고 두툼한 귀 위로 쓸어 넘긴 털과 봉긋 솟은 두 개의 뿔이 있다. 돌돌 말린 몸통 가운데는 꼬리로 먹이를 잡아 놓고 등줄기에서 꼬리까지 도드라지게 구슬 띠를 새겨 솟아오른 등지느러미를 표현하였다.

〈근정전 교룡〉

청룡 계단의 토끼는 쫑긋 세운 두 귓속을 파내고 은행알 눈에 아래위로 눈꺼풀을 길게 찢었는데 앞 다리를 굽히고 앉아 털이 풍부한 물방울 모양 꼬리 끝을 엉덩이에 올린 모습이다.

〈근정전 토끼〉

똬리를 틀고 앉은 청룡은 주먹코에 긴 턱수염을 길러 굵은 비늘과 조화를 이루며 갈기를 머리 뒤로 넘겼다. 입에 머금은 여의주와 발톱 다섯으로 불꽃 갈기를 움켜쥔 모습에 등줄기를 따라 구슬 띠를 새겼다.

〈근정전 청룡〉

〈근정전 원숭이〉

〈근정전 이리〉

〈근정전 닭〉

원숭이 계단의 원숭이는 무릎 하나를 세우고 몸을 구부리고 앉아서 큰 손을 두 무릎 위에 올렸다. 큰 코와 동그란 눈에 눈 밑 주름을 크게 새기고 툭 튀어나온 큰 이마, 강인한 턱과 축 처진 가슴에 젖꼭지까지 표현했다. 짧은 꼬리털을 빗자루처럼 새겨 무릎 꿇은 다리에 붙이고 뒤에서 보면 옆구리에 붙인 팔이 길어 보인다.

이리는 앞발을 세우고 콧등은 길게 내려 또렷한 눈과 머리에 바짝 붙은 귀를 크게 새겼다. 앞으로 내린 뒷발이 묘한 자세를 취하며 발가락 셋을 표현하고 부챗살처럼 퍼진 꼬리를 뒷다리에 붙였다.

백호 계단의 닭은 두툼한 볏 위에 구슬 띠 다섯을 두고 작고 동그란 눈에 눈꺼풀을 옆으로 찢었다. 순박한 삼각형 부리에 콧구멍을 두고 귀밑으로 쳐진 두툼한 고기수염에 잎맥 문양을 오목하게 새겼다. 길쭉길쭉 새긴 목깃에 비늘 같은 어깨깃을 두고 안쪽과 가운데 날개깃과 바깥날개깃을 표현하고 수탉의 상징인 허리깃의 솟구침을 세밀하게 새겼다. 어린이와 어른 할 것 없이 보는 즉시 닭이라고 말하니 정말 훌륭한 조각 작품이다.

호랑이는 길쭉한 코에 코끝까지 표현하고 억센 수염 서너 가닥을 볼 전체에 새겼다. 위로 쭉 찢어진 눈에 앵두 같은 눈망울에 눈동자까지 표현하였고 굵은 앞다리를 곧추고 앉아 꼬리를 뒷발 위에 살짝 놓았다.

〈근정전 백호〉

거북 계단에서 만나는 쥐는 앞다리를 굽히고 앉아 긴 꼬리부터 얼굴까지 나선형 구도를 이룬다. 너무 큰 입에 작은 콧구멍을 두고 작고 동그란 눈에 눈꺼풀을 아래위로 찢었는데 쫑긋 세운 귀는 귓속을 파내고 굵고 긴 꼬리는 앞발까지 닿는다.

〈근정전 쥐〉

거북은 벌렁코에 동그란 눈과 도톰한 눈썹에 길쭉한 귀를 새겼는데 짧은 앞 다리 사이에서 나온 길쭉한 목은 머리끝까지 가로로 비늘을 덮었다. 등에는 가장자리 갑판과 중간 갑판을 좌우로 새기고, 등줄기 큰 갑판으로 덮어 층을 이루며 짧은 꼬리를 달팽이처럼 말았다.

〈근정전 현무〉

모퉁이를 지키는 사자는 앞발을 묘하게 펴고 앉아서 생동감 넘치는 눈동자를 표현하고 억센 반달눈썹을 이마 위로 올렸다. 머리와 귀밑에 풍부한 갈기를 곱게 빗겼고 수양버들처럼 꼬리털을 늘어지게 빗겨 양쪽으로 내렸다.

월대 앞 모퉁이에 길쭉한 장대석을 깊이 찔러 귀를 맞추어 석축이 물러나는 것을 막으며 툭 튀어나온 끄트머리에 복을 불러오는 의미로 짐승 가족을 새겼다. 암수 한 쌍이 서로 몸을 기댔고, 풍부한 갈기는 목덜미를 따

경복궁 근정전 101

라 말아 두고 위아래로 털을 곱게 쓸어 넘겼다. 등줄기 양쪽으로 털을 빗기고 풍부한 꼬리털을 모아 엄지기둥 아래로 비스듬히 들이밀었다. 어미 겨드랑이를 파고 있는 젖먹이 새끼는 움푹 팬 눈과 쫙 벌린 네 다리에 발가락과 꼬리털도 새겼다.『경복궁 영건일기』에 옛것을 그대로 사용했다고 하니, 근정전을 처음 지을 때 같이 만든 것으로 보인다. 동쪽 모퉁이에 배고파 징징거리며 어미 젖가슴을 파고드는 젖먹이를 두어 어미의 안타까운 눈망울을 표현하였다. 근엄한 분위기에 전혀 어울리지 않을 것 같은 짐승 가족을 둠으로써 팽팽한 긴장감 속에서 웃음을 주는 인간적인 모습을 보인다.

〈근정전 사자〉

〈근정전 서수 가족〉

근정전 의례 모습은 국립중앙박물관에서 1892년에 고종의 마흔한 살 생일잔치「고종임진진찬도병」으로 만날 수 있다. 임금님 자리에 올라 경호하는 경호원, 양산과 활을 든 내시, 양쪽에 줄지어 선 군사 등 근정전 안의 모습을 자세히 담았다. 근정전에 휘장을 치고 행랑과 근정전 뜨락에 늘어선 서양 군복차림의 군사들, 임금님 길에 놓인 가마와 양쪽으로 말 네 필 등이 보인다.

근정전 뜨락의 품계석은 지금의 태원전 자리에 있던 간의대를 허물어 옥돌을 사용하였다. 세종대왕 때 하늘의 별자리를 관측하는 '간의'를 설치하기 위해 쌓았던 간의대는 그 높이가 약 3층에 이르렀다.

땅의 높낮이에 따라 놓인 행랑은 칸마다 정자살 창문을 높이 내고 그 쓰임은 흥례문과 다르지 않다. "어짊을 가르친다."라는 동쪽의 계인문은 북쪽에 곡식을 보관하는 창고와 과거 시험을 관리하는 부서를 앞뒤로 두었다.

남쪽으로 나무 계단 위에 융문루 누각을 밖으로 내어 책을 보관했다. 임금이 사용하는 벼루와 묵, 붓과 종이를 관리하는 부서가 있었다. 의로움을 따른다는 서쪽의 협의문 위에 향과 축문을 보관하는 부서, 임금님의 지시 사항 등을 문서로 기록하는 예문관을 두었다. 계단 위로 오르는 문 높이가 다소 낮은 융무루는 누각을 밖에 내어 책을 보관하던 간이 도서관이었다. 융문루와 융무루는 글로 나라를 다스리고 무기와 병법으로 나라를 평온하게 한다는 뜻으로 어느 한쪽도 소홀히 할 수 없음을 알린다.

〈고종임진진찬도병 — 근정전〉

〈경복궁 근정전 임금님 자리〉

창덕궁 인정전

인정전 지붕에는 앞뒤로 대한제국의 상징 오얏꽃 다섯을 두고 검파 끼운 취두와 함께 기왓골에 장쇠를 늘어놓았다. 인정문에서 사진을 촬영하고 확대하면 그 모습을 또렷이 볼 수 있다. 임진왜란 이후 어려웠던 조선은 인정전을 다시 짓고 현판에 파란색 실그물을 철망처럼 둘렀다. 제비나 참새들이 처마 아래 깃들어 단청이 더럽혀지는 것을 막기 위한 것이었다. 몇 년의 세월이 흐르자 낡고 비바람에 찢어져 날리니 조선에서 철사 뽑아내는 기술이 없어 다른 나라에서 수입한 철망을 둘렀다.

〈인정전 봉황 판석 — 위〉 〈인정전 월대 겹기둥 장식〉

철망은 『성종실록』의 사정전, 『중종실록』의 경회루, 『광해군일기』의 인정전 등에서 '철망'이라고 명확한 이름을 적었는데 어려운 한자 '부시(罘罳)'라고 쓰기도 한다. 월대 계단에는 몸통과 머리를 끼워 맞춘 해치를 임금님

〈인정전 사신도〉

길과 소맷돌에 놓았고 위 월대에 봉황 판석을 끼웠다. 아래 월대 판석은 마모가 심해 그 형상을 찾기 어려우나 창경궁이나 경희궁에서 보이는 공작 판석으로 보인다.

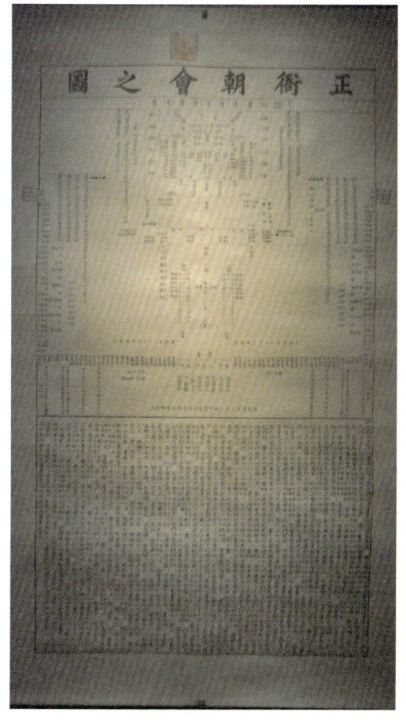

〈정아조회지도〉

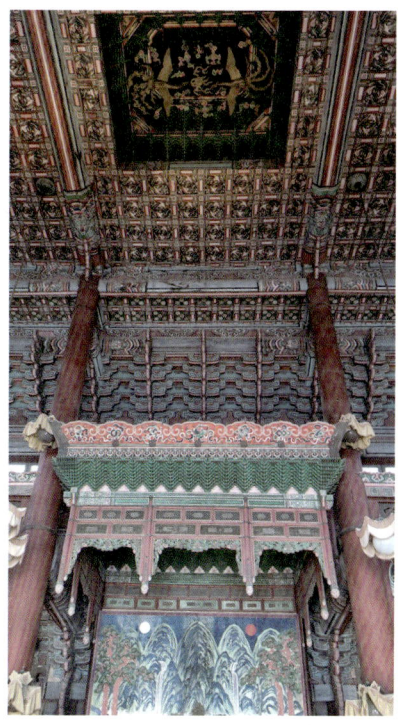

〈창덕궁 인정전 임금님 자리〉

인정전 월대 귀퉁이 돌에 겹겹이 기둥을 새겨 장식했는데, 이런 장식은 선정전, 명정전, 숭정전, 종묘 정전 등에서 만날 수 있다. 황제 자리에 청색 바탕에 용, 기린, 거북, 봉황을 그렸는데 이는 1908년 일제가 일월오봉 병풍을 없애고 새로 만든 것이다. 천장 가운데 봉황과 여의주, 오색구름 등을 조각하여 쇠막대에 걸었다. 황색 전등갓을 씌우고 황색 커튼을 치고 서양식 쪽나무 마루를 깔았는데 인정전에서 행했던 모습은 '정아조회지도'로 만날 수 있다. 임금님 양쪽에 칼을 들고 갑옷을 받쳐 든 군사가 서고 뒤에는 양산과 활을 든 내시가 경계하며 계단 아래는 동·서로 군사가 나누어 섰는데 이들의 명칭을 자리에 맞게 썼다. 인정전의 행랑 앞을 군사들이 빙 둘렀으며 인정문 밖으로도 군사들이 줄지어 서서 위엄을 보였다.

창덕궁 월대에 놓인 청동 함지에 명확한 명칭이 없는데 청와대 침류각 안내판에는 '두멍'이라고 하며 물을 담아 두고 화재에 대비하는 물동이라 설명하고 있고 창경궁에는 '드므'라고 이름하였다. 위 월대의 두멍은 둥근 굽에 입이 밖으로 말린 양동이 모양으로 윗부분에 손잡이 고리 넷을 두었다. 아래 월대의 두멍은 입이 안으로 오목하게 모이고 중간에 손잡이 넷을 두었는데 서쪽은 손잡이가 하나 없다. 궁궐에서 팥죽을 쑤던 솥과 모양이 같기에 '부계주'라고 말하는 학자도 있다. 팥죽은 동지에만 먹는 음식이 아니라 한여름에도 먹으면 더위를 이기고 나쁜 귀신도 내쫓는다고 하였다. 그렇기에 궁중에서 팥죽 쑤던 솥을 인정전 앞에 두어 돌림병을 옮기는 귀신을 쫓아내기 위함이라고 한다.

〈인정전 월대 두멍 — 위〉

〈인정전 월대 두멍 — 아래〉

서쪽 계단 아래 뚜껑 덮은 우물이 있고 행랑에는 향실, 예문관과 규범에 맞는 모든 절차를 존중한다는 숭범문을 두었다. 향실은 선원전 제사에 쓰는 향과 향초 등을 관리하는 곳으로 북쪽에는 양지당으로 들어가는 만안문이 있다. 예문관은 임금님의 업무 지시를 문서로 작성하고 보관하는데 승정원과 춘추관의 기록과 함께 왕조실록 편찬에 주요 기능을 담당한다.『조선왕조실록』은 조선 태조부터 25대 철종까지 역사적 사실을 일어난 순서대로 기록한 책으로 1997년에 유네스코 세계기록유산으로 등재되었다. 고종과 순종 황제의 실록은 일제강점기에 편찬하였기에 역사적 사실이 왜곡되었을 위험이 크므로 제외했다.

인정전 동쪽은 아래부터 악기를 보관하던 창고, 오늘날의 대통령비서실과 같은 역할을 하던 부서가 있었다. 임금이 도리에 맞게 절차를 잘 지키니 빛이 난다는 광범문, 붓과 종이를 관리하던 부서, 과거 시험을 관리하던 부서도 있었다. 위쪽의 다섯 칸은 선정전 행랑으로 이용했기에 뜨락과 등을 돌리고 있다.

인정전은 임금이 백성을 위해 어진 정치를 해야 한다는 뜻을 담고 있으며, 봉황이 노니는 인정전 뜨락은 풍수지리상 연화부수형으로, 연꽃이 물 위에 떠 있는 듯 안정적인 기운을 가득 품은 곳이라고 한다. 그래서 공부에 대한 긴장감으로 늘 불안한 수험생들이 이곳을 자주 찾아 좋은 기운을 받아 안정감을 되찾곤 한단다.

창경궁 명정전

명정전 뜨락의 품계석은 1829년에 그린「순조기축진찬도병」에는 보이지 않는 것으로 보아 아마도 그 후에 세웠을 것이다. 월대 계단은 해치를 경계석으로 놓고 부채꼴 소맷돌에 태극을 새긴 둥근 북을 머리로 삼고 끄트머리를 동글동글 네 번에 나누어 깎아 부드럽게 하였다. 아래 월대의 공작 판석은 공작의 꼬리 방향이 근정문 공작과 반대로 놓였고 봉황 판석은 근정전 위 월대 봉황 판석에 비추어 봉황 머리의 위치와 여의주를 다르게 표현했다.

〈명정전 봉황 판석 — 위〉　　　　〈명정전 봉황 계단 소맷돌〉

　명정전 뒤에는 처마 아래로 반쪽짜리 지붕을 붙여 차양을 설치하였는데 오후에 서쪽인 뒤쪽에서 햇빛이 드는 것을 막기 위한 것이다. 우물반자 가운데 봉황이 나는 명정전은 훌륭한 선비들과 함께 어진 정치를 한다는 의미이다. 남쪽에 광정문과 향실, 사무실 등이 있고 북쪽으로 영청문을 냈으며 명정문 행랑에 경비대 숙소가 있었다. 경종 때 문정전에서 숙종의 신주를 모시게 되자 후궁의 아들인 연잉군은 경비대 숙소를 거려청으로 삼아

〈명정전 임금님 계단〉

머물며 삼년상을 지냈다. 갑자기 경종이 돌아가시니 임금님 자리에 오른 영조는 거려청을 남쪽 행랑으로 옮겼다.

〈창경궁 명정전 임금님 자리〉

〈명정전 월대 겹기둥 장식〉

〈명정전 차양〉

　명정전 행랑은 후궁의 아들에서 임금님으로 신분이 바뀌는 과정을 고스란히 담고 있다. 관리들은 창경궁에 머무는 임금님의 부름을 받으면 창덕궁 낙선재 근처에 있던 건양문을 통해서 들어간다. 건양문은 문지기들이 머물던 집인 '문기수번소'가 있어 이들이 관리들을 불러오고 창경궁으로 모시고 들어간다. 궁궐은 거미줄처럼 서로 이어져 있어 방향을 찾기 어렵고 혼자는 함부로 다닐 수 없는 곳이기에 안내자가 필요했다. 중종 때 명정전 뜨락에서 과거 시험을 치르던 날, 광정문을 통해 먼저 들어가 앞자리를 차지하려고 서로 밀치다가 많은 사람이 다치는 큰 사고가 있었다. 바른 행실의 광정문, 맑고 밝은 조선이 이어지길 바라는 영청문, 유교의 예법을 널리 알리는 홍교문이다.

〈경희궁 숭정전〉

경희궁 숭정전

숭정전 뜨락은 양쪽의 행랑이 층층을 이루어 내려와 성벽처럼 감싸고 동쪽에 여춘문을 내고 서쪽에 향실과 여추문을 두었다. 아래 월대 공작 판석은 마름꽃 겹무늬 안에 공작의 머리깃과 천사의 깃을 위아래로 새겼으며 구름으로 여백을 채웠다. 경계석은 등줄기에 넝쿨을 새긴 해치를 놓았고 소맷돌에는 해치 머리를 두었다. 월대 동쪽 모퉁이에서 겹 기둥 장식을 만나니 반갑기 그지없다.

〈숭정전 칠조룡〉

〈숭정전 월대 아래 공작 판석〉

위 월대의 공작 판석은 아래 공작 판석을 원본으로 다시 조각한 것인데, 가슴 한구석이 허전함을 지울 수 없다. 경희궁 숭정전은 둘 있는데 하나는 경희궁 터에 새로 지은 숭정전이고 다른 하나는 동국대학교 안에 있는 정각원으로 봉황 판석을 품은 임금님 계단이 숭정전 현판과 함께 있다. 월대에는 창덕궁과 같은 두멍을 두고 동쪽과 서쪽에 삼태극의 소맷돌 계단을 놓았다. 천장에 발가락 일곱인 용 한 쌍이 나는 숭정전은 정치의 모든 일을 드높인다는 뜻을 품고 있다.

덕수궁 중화전

중화전 이름은 대한제국을 선포하던 당시에 즉조당을 태극전이라 했다. 정전은 임금의 통치력이 조선의 한반도 영역에 한정된 의미를 지녔기 때문이다. 대한제국 황제의 통치력이 어찌 한반도에만 국한할 것인가? 힘 있는 나라들이 우리 땅에서 서로 다투기에 어느 한쪽으로 치우치지 않고 대한제국의 굳센 의지로 그들과 대등한 위치에서 서로 돕고 국정을 이끌어 가겠다는 의지를 표현한 것이 중화전이다.

  월대는 남쪽으로 황제의 길에 맞게 쌍용 판석과 소맷돌을 둔 계단이 있다. 디딤돌 앞면에 넝쿨무늬를 새기지 않았는데 이는 임금의 나라가 아닌 황제의 나라가 되었기 때문이다. 아래 쌍용 판석은 겹으로 테를 두른 마름꽃 안에 용 두 마리를 새겼다. 귀퉁이에 꽃과 넝쿨을 새겼으며 양쪽으로 뿔 하나 솟은 해치를 경계석으로 놓았다. 위의 쌍용 판석은 마름꽃 안에 어묵꼬치처럼 구름을 꿰어 여의주에 붙이고 발가락이 다섯인 용 두 마리를 새겼으며 소맷돌은 뿔 하나 솟은 해치를 두었다. 동, 서, 북으로 둔 계단은 아

〈덕수궁 중화전〉

래 월대에 삼태극을 새긴 부채꼴 소맷돌을 두고 근정전에 있는 것과 매우 비슷한 드므를 넷이나 놓았다. 동쪽 드므는 대한제국이 태평스럽게 오래오래 이어지길 원하기에 '국태평만년' 글을 새겼다. 서쪽 드므에는 황제가 오래도록 건강하고 행복하길 바라는 '희성수만세' 글을 새겼다.

〈중화전 쌍룡 판석 — 위〉

〈중화전 쌍룡 판석 — 아래〉

〈중화전 닫집 오조룡〉

중화전 양쪽에 놓인 용향로는 근정전에 있는 것과 모양은 같으나 더 크게 만들었다. 가운데 부분에 겹으로 테를 두른 것과 양쪽에 귀를 새겨 안팎으로 포도 무늬 초롱을 넣은 것이 다를 뿐이다. 중화전은 지붕의 합각에 문을 내 지붕 관리를 편리하게 했으며 지붕 기왓골에는 장쇠를 늘었다.

〈염우판 고리 무늬〉

〈염우판 부채, 마름모 무늬〉

〈염우판 엽전 무늬〉

　중화전 안에 정사각형 검은 벽돌을 깔고 황색으로 치장한 황제 자리는 사방으로 계단을 내어 오르내릴 수 있도록 하였다. 닫집 위에 검은 쇠판의 엽전, 마름모 고리, 부채 등을 장식한 '염우판'을 고정하고 닫집의 천장은 용 두 마리를 조각해 걸었다. 천장 한가운데는 황룡 한 쌍과 오색구름이 하늘을 나는데 닫집 천장의 황룡과 같은 작품이다.
　이층집 중화전이 불에 타자 가난한 대한제국 형편으로 어쩔 수 없이 단층으로 지었으나 기둥을 높이고 서까래를 길게 뽑아 웅장한 느낌을 준다.

중화전 기둥에는 단옷날 좋은 글귀를 써서 붙인 단오첩의 흔적이 남아 있다. "오늘은 오월 닷새 천중절인데, 영묘한 부적 팔을 둘러 비껴 있네, 초나라 찹쌀떡을 쑥잎에 싸서 찌고, 요임금 술 창포에 빚어 둥둥 뜨네."

고종 즉위 40년을 맞이하고 육순을 바라보는 쉰한 살을 기념하여 1902년에 경운궁에서 대규모 잔치가 있었는데 태극기를 세우고 총검을 갖춘 신식군인이 등장했다.

〈덕수궁 중화전 황제 자리〉

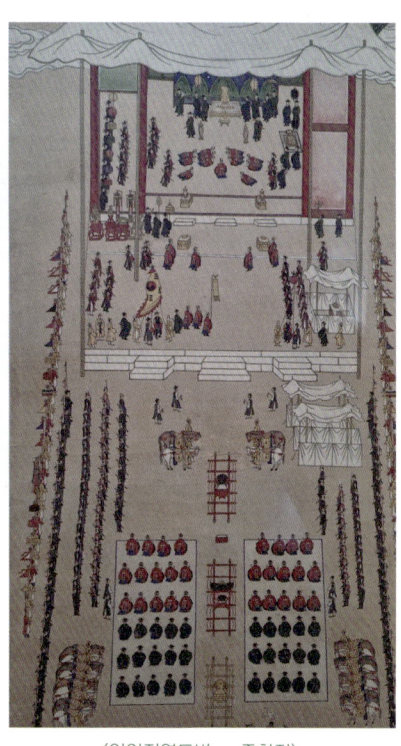
〈임인진연도병 — 중화전〉

> 내 고장 문화유산

근정전의 일월오봉 병풍과 비슷한 그림을 전북 진안군 마이산 은수사 태극전에서 만날 수 있다. 마이산처럼 봉우리 두 개씩 양쪽으로 있는 가운데, 세월 묵은 소나무 세 그루가 붙어 자라는 모양이다. 양쪽으로 붉은 해와 달이 떠 있고 폭포가 있으며 파도치는 바다를 표현하였다.

〈진안 은수사 태극전 일월오봉도〉

또 다른 그림은 흰옷을 입은 산신령이 지팡이를 짚고 서서 푸른 옷을 입은 채 꿇어앉은 이성계 장군에게 잣대를 전해주는 모습인데 이를 '금척'이라고 한다. 장군은 전북 남원에서 왜구를 크게 물리치고 돌아오는 길에 전북 임실군 성수산 「상이암」에서 기도를 올린다. 꿈속에 금으로 만든 잣대인 '금척'을 받는데 이는 나라의 임금을 상징한다. 진안의 마이산을 지나던 이성계 장군이 꿈에서 본 곳과 똑같은 데라 하여 제사를 올렸다. 진안군에서는 말을 타고 금척을 치켜든 이성계 장군의 동상을 세워 이를 알리고 있다.

경주시 건천읍 평지에 크고 작은 30여 기의 신라시대 무덤이 모여 있는 「금척고분군」은 신라의 시조 '박혁거세'가 하늘에서 받은 금으로 만든 잣대를 숨기기 위해 가짜 무덤을 만들었다는 전설이 내려온다.

봉황이 머문다는 안동 「천등산 봉정사」 영산암에서 봉황 벽화를 만날 수 있고, 김제 모악산 금산사 소요당대사 탑비에는 기막힌 봉황 한 쌍을 새겨 놓았다. 일 년 중 '부처님 오신 날'에만 절집을 여는 문경 「희양산 봉암사」 극락전 천장에는 발가락 세 개의 용 한 쌍이 힘을 겨룬다. 연꽃과 모란 등 정교하고 화려한 꽃 문살로 유명한 충남 논산 「작봉산 쌍계사」 대웅전은 닫집 위에 봉황이 날고 있다. 판소리 「수궁가」의 봉황 대목에는 "내 말을 들어봐라, 순임금이 거문고 타시니 높은 봉우리 아침볕에 내가 가서 울음을 우니 팔백 년 동안 태평성대로 주왕, 문왕, 무왕이 나시고 공자도 내 앞에서 탄생했다. 천 길이나 높이 날아 배가 고파도 좁쌀을 먹지 않고 용문산 오동나무에 올라가 좋은 열매 먹으니 내가 어른이 아니시냐?" 하는 사설로 태평성대에만 나타나는 봉황임을 알 수 있다.

〈문경 봉암사 극락전 삼조룡〉

〈진안 은수사 신선도〉

〈진안 이성계 동상〉

〈논산 쌍계사 대웅전 봉황〉

〈안동 봉정사 봉황도〉

 근정전의 원숭이를 볼 때마다 속리산 법주사 대웅보전 계단 위에 앉은 원숭이 한 쌍이 떠오른다. 아마도 영조 임금과 깊은 인연으로 조각해 놓았을 것이다.
 경복궁과 창경궁, 창덕궁 봉황 판석 계단에는 디딤돌 앞면에 꽃과 넝쿨을 새겼는데, 이는 중국 요임금의 궁궐 계단에서 자랐다는 풀로 봉황과 함께 태평성대를 뜻한다. 이런 무늬를 다른 곳에 사용할 수 없는데 청와대 영빈관과 현관, 안채 계단에서 볼 수 있다. 근정전에 용맹한 사자가 앉아 임금을 보호하니 경기도 성남시 「봉국사」와 경북 경주시 「분황사」에도 사자가 절집을 지키고 있다. 갈기가 풍성한 사자는 강력한 힘의 상징으로 세상의 모든 동물이 두려워하기 때문에 불교에서 부처의 설법을 뜻하기도 한다.

〈속리산 법주사 원숭이〉

〈성남 봉국사 사자〉

〈경주 분황사 사자〉

　창덕궁 월대의 모퉁이 겹기둥 무늬는 양주시 「회암사」 보광전 터에서 만날 수 있다. 전북 고창군 「무장객사」 월대 장식은 화려한 꽃병과 함께하며 경남 밀양시 청도면 「밀양 소태리 오층석탑」 받침돌에는 가운데와 양쪽 모퉁이에 겹기둥을 새겼는데 고려 예종(1109년) 때 세운 탑이다. 창경궁 월대의 소맷돌과 같이 끄트머리를 동글동글 네 번에 나누어 깎는 기법을 양주 회암사 터 소맷돌에서도 만날 수 있는데 이는 목재를 다룰 때 사용하던 기법을 돌 다룸에 적용한 것이다.

〈양주 회암사 터 월대 겹기둥 장식〉

〈밀양 소태리 오층석탑 겹기둥 장식〉

〈고창 무장객사 겹기둥 장식〉

 인정전의 두명을 서울 강북구 「화계사」 대웅전 앞에서 만날 수 있다. 까닭은 알 수 없지만, 절집에 흥선대원군의 글씨가 많이 남아 있는 것과 관련이 있을 것으로 보인다.
 경희궁 숭정전은 일제강점기 경성중학교를 지으며 일본 절집으로 팔려 나갔다. 광복 후 절집 자리에 동국대학교가 들어섰는데 목재가 낡았다는 이유로 그 자리에 남게 되었다. 정각원 앞 봉황 판석은 마름꽃 겹무늬 안에

내 고장 문화유산 121

두툼한 넓은 왕관 벼슬의 봉황이 여의주를 마주하고 있고 우물반자에는 용 한 쌍이 힘을 겨루고 있다.

〈동국대학교 숭정전 봉황 판석〉

〈삼각산 화계사 두멍〉

〈동국대학교 경희궁 숭정전 현판〉

객사에서 임금을 상징하는 '궁궐 전(殿)', '대궐 궐(闕)' 글자를 쓴 패를 모셔 놓고 매월 초하루와 보름에 한양을 향해 절을 올리는 망궐례를 행하는데 부여 「홍산객사」와 상주 「상산관」에서 그 모습을 볼 수 있다. 객사는 대부분 그 고장의 옛 이름을 현판으로 거는데, 전주 「풍패지관」은 한나라 유방의 고향 풍현의 패읍을 이르는 것으로 조선 왕조가 태어남을 뜻하고 나주의 옛 이름 「금성관」은 객사 건물 중 가장 규모가 크다.

〈부여 홍산객사 전궐패〉

〈상주 상산관 망궐례〉

〈전주객사 풍패지관〉

임금님 집무실

궁궐의 정전이 공식적인 행사를 치르는 곳이라 하면, 임금님 집무실은 백성을 위해 좋은 정치를 하려고 신하들과 함께 나랏일 하는 집이다. 세 벌 장대석 위에 올린 단층 팔작집으로 경복궁 사정전은 잡상이 가장 많은 일곱이다. 창경궁 문정전과 경희궁 자정전이 다섯이며 창덕궁 선정전과 덕수궁 즉조당은 올리지 않았다. 안에는 우물마루를 놓고 기둥 사이에 임금님 자리를 두고 일월오봉 병풍을 놓았다. 경복궁 사정전에는 아랫집 두 채를 두고 덕수궁 즉조당은 구름다리를 통해 준명당으로 오갈 수 있다. 집무실은 정전의 뒤에 있으며 선정전과 문정전은 옆에 자리한다.

경복궁 사정전

근정전과 강녕전 사이에 있는 사정전은 대청과 창문으로 안을 밝게 하고 동쪽 계단 옆에 해시계를 올렸다. 임금님 자리는 닫집이 없는 대신 기둥 위에 문틀을 올렸다. 문틀은 앞뒤로 종이를 여러 겹 바른 후 발가락 네 개의 용 한 쌍을 그렸으나 지금은 철거되어 볼 수 없다. 성종 때 제비와 참새가 처마 밑에 둥지를 틀어 단청을 더럽히기에 석쇠무늬로 짠 철망을 둘렀다. 동쪽 합각에 여닫이문을 두어 지붕 안으로 드나들며 수리할 수 있게 하였는데 임금님 집무실 중에서 가장 큰 집이다. 임금님은 행사에 참여하기 위해 의복을 갖춰 입고 가마를 타고 출발했는데, 출발 및 도착 장소는 고종 때 수정전이나 자경전 등인 경우가 많았다. 매일 아침 중요한 일을 보고 받고 나랏일을 논의하던 사정전은 깊이 생각하고 세밀하게 살펴 정치를 해야 한다는 뜻이며 임금님이 돌아가시면 장례식장으로 사용했다.

〈경복궁 사정전 임금님 자리〉

 영원한 봄을 맞이하는 동쪽의 만춘전은 사정전보다 뒤로 물러나 앉아 있다. 용마루가 낮고 지붕 합각에는 '편안할 강(康)', '편안할 녕(寧)' 글자를 새겨 넣었는데, 서쪽의 천추전 또한 같은 모습으로 영원히 가을을 맞이하기를 기원했다.

〈사정전 만춘전 합각 — 강〉

〈사정전 만춘전 합각 — 녕〉

남쪽은 천(天)자 창고에서 월(月)자 창고까지 열 곳에 한자 이름을 붙였다. 당시에는 1, 2, 3 등 아라비아 숫자를 사용하지 않아 천자문 글자를 따라 순서를 정했는데 그 흔적을 한양도성 성돌에서 찾을 수 있다. 동쪽은 지혜로운 선비들의 도움을 받는 사현문이 있다. 건인각은 동쪽의 집으로 어짊이 근본인 자현당이요, 평안하고 행복한 정치를 한다는 연태문이다. 서쪽에 어짊을 높이 받드는 숭현문, 지혜로운 관리를 등용하여 서로 도와 어진 정치를 이루는 용신당과 협선당이 있다. 현판 없는 보방문은 보배로운 것은 가까이 있다는 뜻이다. 사정전 동·서 행랑에서 보면 한 칸 반씩 안으로 줄어들어 근정전 행랑보다 폭이 좁음을 볼 수 있다. 서쪽 협선당 옆에는 근정전 행랑에 맞춰 북쪽의 흠경각 행랑까지 담을 쌓았다.

창덕궁 선정전

〈선정전 임금님 자리〉

〈선정전 청자 취두〉

인정전 동쪽에 한 걸음 물러앉은 선정전은 월대를 갖추고 선정문에서 대청까지 눈비를 가리는 복도를 두었다. 이는 임금님이 돌아가셔서 장례식장으로 사용하거나 삼년상을 모실 때 눈비를 맞지 않고 혼령이 드나듦에 그 목적이 있다. 월대의 양쪽으로 소맷돌 계단을 두고 모퉁이에 겹으로 새긴 기둥 장식이 보이고 임금님 자리에 닫집을 올렸으며 우물반자에 봉황을 그렸다. 월대에 놓인 두멍은 손잡이가 있거나 없는 것이 눈에 띈다. 솟을대문 한 칸에 양쪽으로 지붕 높이가 같은 선정문은 한쪽으로 치우쳐 있는데 안이 들여다보임을 막는 것으로 보인다. 서쪽에 인정전으로 드는 복도가 있고 북쪽에도 건중문을 둔 선정전은 임금님이 정치와 착한 덕을 가르쳐 널리 편다는 뜻이다.

〈창덕궁 선정전〉

　인조반정 때 창덕궁 안으로 들어온 군사들이 광해군을 붙잡자 불을 피우고 연기를 올려 궁궐 밖 사람들에게 성공을 알렸다. 목숨을 걸고 일으킨 역적모의인데 일 맡은 사람이나 가족들은 얼마나 궁금하였겠는가? 때마침 선정문 앞에 목재 더미가 있어 그곳에 불을 놓았는데 아무도 살피는 사람이 없어 큰불로 번지면서 이웃한 선정전과 경훈각 등을 홀라당 태워 먹었다. 새로 지으려니 돈은 없고 하는 수 없이 인왕산 아래 인경궁의 청기와 올린 광정전을 옮겨 지으니 청기와 취두와 용머리를 얹었고 잡상은 올리지 않은 것이다. 선정전은 이런 까닭으로 궁궐의 건물 중 유일하게 청기와를 얹었다.

창경궁 문정전

　명정전 옆구리를 맞대고 남쪽을 향해 등을 돌리고 앉은 문정전은 동쪽에 문을 내고 가운데만 부채꼴 소맷돌 계단과 월대를 놓았다. 임금님 자리에 일월오봉 병풍과 닫집을 올렸고 동쪽으로 행랑을 두었다. 문정전은 임금님이 예절과 법도를 잘 가르친다는 뜻으로 북쪽에는 명정전과 이어지는 복도를 두었다. 좁은 공간에서 오밀조밀하게 처마 선이 겹치는 모습을 볼 수 있다. 문정전은 임금님이나 부인 등이 돌아가시면 장례와 삼년상을 모셨다. 「동궐도」에는 큰 문에서 문정전에 이르는 복도를 두어 혼령이 눈비를 맞지 않도록 했다.

〈창경궁 문정전〉

〈문정전 임금님 자리〉

　광해군이 문정전을 다시 지으면서 명정전과 같은 동쪽으로 방향을 바꾸려 하자 신하들이 반대했다. 그 이유는 남북으로 길쭉한 땅 모양에 동쪽으로 건물을 앉히려면 서쪽의 낮은 언덕을 많이 깎아내야 하는데, 이는 종묘로 이어지는 땅의 기운을 끊는 것이라 불길하다는 것이었다. 그래서 성종 역시 서쪽 언덕을 보존하여 꽃나무를 심고 문정전을 지었다고 한다.
　2006년 어느 날, 문정전 정자살문에 불을 붙이는 너무나 어처구니없는 일이 벌어진다. 일흔에 가까운 노인이 자기 불만을 사회에 나타내려고 저지른 일인데, 관람객들의 빠른 행동으로 다행히 문짝만 태우고 불을 끌 수 있었다. 그러나 이 노인이 2년 뒤에 숭례문을 홀랑 태운 어마어마한 불장난을 할 줄이야 어느 누가 알았겠는가?

경희궁 자정전

숭정전 뒤에 있는 자정전은 임금님 집무실 중에서 유일하게 공작 판석 계단을 갖춘 문을 앞에 두었다. 출입문에 정자살문을 달고 채광창을 내지 않은 자정전은 동쪽과 서쪽으로 복도를 냈다. 동쪽의 숙성문과 서쪽으로 임금 바위와 영조의 영정을 모신 태령전이 있다. 북쪽의 명덕문을 통해 밖으로 나갈 수 있는데 안에는 임금님 자리도 놓지 않은 텅 빈 곳으로 기억한다.

〈경희궁 자정전〉

〈경희궁 자정문 공작 판석〉

덕수궁 즉조당

광해군을 내쫓고 인조가 임금에 오른 집이라 하여 즉조당 현판을 걸었다. 고종 황제가 태극전이라 이름하며 대한제국을 알렸고 다음 해 중화전 현판으로 바꾸었는데 월대를 갖춘 큰 집이 완공되니 즉조당 현판을 찾아서 다시 걸었다. 집은 그대로 있는데 즉조당→태극전→중화전→즉조당 순으로 이름이 어지러이 바뀌었고 구름다리를 놓아 준명당과 오갈 수 있다.

〈준명당 복도 내부〉

〈즉조당 황제 자리〉

지붕의 합각에는 길할 길, 목숨 수 글자를 넣어 좋은 일이 많고 오래 살기를 바라는 마음을 담았다. 발가락 넷의 황룡과 청룡이 힘겨루는 우물반자 아래 '구천창합개궁전', '만국의관배면류', '귀도용력천휴대'등 종이 주련을 붙였는데 마지막 주련은 문 앞 기둥에 붙여 보이지 않는다. "사방으로 큰 문이 궁전에 열리니, 만국의 사신이 황제에게 절하고, '낙귀부서'와 '하마부도'를 받아 하늘의 복이 많다."라는 뜻으로 광화문 천장 그림을 글로 표현한 것과 다름없다.

뒤쪽 쪽마루에 정자살 창문을 달고 지붕을 올려 실내 공간을 넓게 만들고 뒤뜰에 꽃나무를 심고 벽돌 굴뚝을 올려 '복' 글자를 넣었다. 1901년에 헌종 부인의 일흔한 번째 생일잔치가 이곳에서 열렸는데 그림에는 중화전이 완공되기 전의 모습이라 중화전 현판을 걸어 놓았다. 준명당은 즉조당이 너무 좁기에 새로 지어 경운당이라 하였다가 덕경당→관명전→준명당 등으로 이름을 바꿨다. 지붕의 합각에 일만 만, 목숨 수 글자를 넣어 오래오래 살기를 기원하였다.

 준명전 대청의 우물반자에 목숨 수, 복 복 글자와 함께 모서리에 박쥐를 넣고 기둥에 '삼백육순춘불로', '만팔천년경장류'라 쓴 주련을 붙였다. "일년 내내 봄 같은 젊음을 유지하고, 오래오래 좋은 일이 계속된다."라는 뜻이다. 뒷마당의 굴뚝에는 길 장, 편안할 강 글자를 새겨 오랫동안 평안하길 소망했다. 계단 위의 장대석에 작은 구멍 여러 개가 보이는데, 덕혜옹주를 위해 유치원으로 사용할 때 철제 난간을 세웠던 흔적이다. 준명당 쪽마루에 정자살문을 달고 지붕을 올려 공간을 넓혔으며 현판에 쓰인 명(眀)은 밝을 명(明)과 같이 쓰는 글자로 다스리는 이치가 밝고 맑다는 뜻이다.

〈덕수궁 준명당과 즉조당〉

덕수궁 중명전

국립 정동극장 옆 골목 안에 있는, 궁궐 밖의 궁궐인 중명전에서 1905년 11월 18일 주한일본 공사 '하야시 곤스케'와 대한제국 외부대신 '박제순'이 도장을 찍어 을사늑약이 체결되었다. 일본의 힘에 억눌려 어쩔 수 없이 대한제국의 외교권을 빼앗기니 미국 등 서양의 여러 나라 공관이 조선에서 빠져나갔다. 그리고 500년을 이어 온 1,200여만 명의 조선 백성은 총 한 발 못 쏘고 일본에 나라를 빼앗겨 고통의 나락으로 빠진다.

〈덕수궁 중명전〉

중명전은 미국의 북장로교회가 세운 정동여학당을 사들여 수옥헌을 짓고 황실의 책과 보물을 보관하는 도서관으로 사용하였다. 덕수궁에 큰불이 나서 궁궐을 다시 지을 때까지 중화전과 같은 구실을 하였기에 이름도 중명전이라 바꿨고, 경효전을 다시 지어 명성황후의 신주를 옮겨 모셨다. 중명전은 대한제국의 광명이 계속 이어진다는 뜻으로 밝은 명(明) 글자를 썼으며 수옥헌은 옥으로 이를 닦는다는 뜻이다. 붉은 벽돌집 중명전은 현관 양쪽에 3개씩 무지개 창을 내고 지붕에도 다락창을 냈다. 또한 전시실을 두고 전시실에는 을사늑약 체결 모습과 주권 회복을 위한 헤이그 특사들의 활동 모습을 보여준다.

〈중명전 을사늑약 체결 장면〉

내 고장 문화유산

조선에서는 아라비아 숫자를 사용하지 않았기에 천자문을 숫자처럼 사용하였다. 한양도성을 처음 쌓을 때 600척씩 97개 구간으로 나누어 '하늘 천(天)'에서 97번 '조상할 조(弔)'에 이른다. 천자문이 새겨진 성돌은 장충체육관 동쪽에서 시작하여 남산 「한양도성 유적전시관」 사이에 있다. 48번 '언덕 강(崗)' 글자의 「강자육백척」, 49번 '칼 검(劍)' 글자의 「검자육백척」, 「거자종궐육백척」은 51번 '거(巨)' 글자 끝, 52번 '궐(闕)' 글자의 시작이라는 뜻이다.

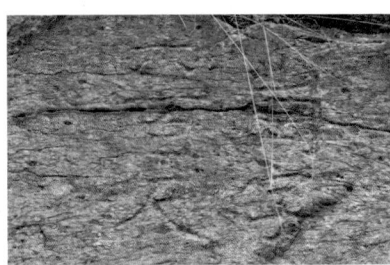
〈한양도성 강자육백척〉

〈한양도성 검자육백척〉

〈한양도성 거자종궐육백척〉

문정전 뜨락은 "흔들지 말라, 어지러워 못 견디겠다."라는 말을 남기고 죽은 사도세자가 뒤주에 갇혔던 곳이다. 오늘날에는 이 사건을 아버지의 아동학대로 이야기하기도 한다. 영조의 신분적 불편함이 아들 사도세자를 정서적으로 학대하여 정신질환을 앓았다. 이러한 이유로 주변 사람을 해치는 등 이상한 행동을 보이니, 어머니 '영빈 이씨'가 손자인 정조를 보호하기 위해 영조에게 죽음을 내려달라고 청했다. 어머니가 아들을 죽여달라고 청한 그 심정은 말해 무엇하겠는가? 민속신앙에서는 억울하고 비참하게 죽은 사도세자의 원혼을 달래기 위해 「뒤주 대왕」이라 부르며 초상을 그려 서울 은평구의 「사신당」에 모셨으나 지금은 고양시로 자리를 옮겼다.

〈양양 낙산사 사천왕상 — 부분〉

〈진천 이상설 생가〉

　고종황제가 헤이그에 파견한 특사들은 대한제국 법원에서 이상설에게 사형, 이위종과 이미 죽은 이준에게 종신형을 내렸기에 이들은 조국으로 돌아오지 못하고 외국에서 죽음을 맞이하였다. 그들은 일본의 부당함뿐만 아니라 부패한 정부와 관리, 과도한 세금, 가혹한 행정에 허덕이는 비참한 조선의 현실을 알리며 고종황제의 잘못된 정치도 함께 비판하였다. 그 당시 관리들의 행패가 얼마나 심했던지 경남 남해군 용문사와 강원도 양양군 낙산사의 사천왕이 부패한 관리를 짓밟고 있는 모습으로 표현하여 백성의 한을 풀어 주고 있다. 대한민국 정부는 이상설에게 건국훈장 대통령장, 이준은 건국훈장 대한민국장이 추서되었으며 충북 진천군 진천읍 이상설이

내 고장 문화유산

살던 생가에 기념관을 열었다.

　임금님이 정치를 펼치는 것에 비교하기는 어려우나 각 지방에는 동헌이 있어 수령이 행정업무를 보았다. 고창동헌 평근당. 고창군 무장동헌 취백당, 부여 홍산동헌 제금당, 충청감영 청녕헌이 남아 있고 제주목 관아 연희각을 복원하였다. 동헌 현판의 뜻을 살펴보면 백성을 가까이하여 고을을 잘 다스린다는 평근당, 소나무 같은 푸른 기상과 희고 결백한 지조를 뜻하는 취백당, 비단을 마름질하여 옷을 짓는 것처럼 조심하고 정성을 다해 고을을 다스린다는 제금당, 탐욕 없이 백성을 평안하게 다스린다는 청녕헌, 햇빛을 끌어들이듯 임금님께 충성을 다한다는 연희각이다.

〈고창동헌 평근당〉

〈부여 홍산관아 제금당〉

〈고창 무장동헌 취백당〉

〈부산 동래동헌 충신당〉 〈제주관아 연희각〉

〈충청감영 청녕헌〉

임금님 사랑채

　임금님 사랑채는 경복궁 강녕전, 창덕궁 희정당, 창경궁 환경전, 덕수궁 함녕전, 석어당이 있다. 궁궐 집은 서너 벌 장대석 위에 기둥을 올리고 대청과 온돌을 두고 양쪽으로 누각을 두었다. 대청은 앞뒤로 기둥 안에 툇마루를 두고 온돌방을 빙 돌아가며 툇마루와 누각에 칸칸이 작은 방을 두었는데 상궁들이 밤을 지새우며 임금님과 부인을 보호하였다. 양쪽이 똑같은 모양이나 임금님이 주무실 때는 동쪽 방을 사용하였고 앞에 있는 툇마루에서 물을 떠다가 손이나 얼굴을 씻었다. 온돌방에는 밀고 닫는 미닫이문을 여러 짝 달고 가구를 두지 않는데 이는 임금님을 해치려는 사람들이 숨어드는 것을 막기 위한 것이다. 희정당과 함녕전에는 구름다리를 두어 외부와 연결하였고 강녕전은 임금님 사랑채 중에서 용마루가 없는 유일한 집이다.

　조선시대 양반 집은 두 가지의 지침을 따르는데 하나는 『태종실록』에 "부부는 침실을 각각 다른 방을 쓰라."하여 남편과 아내가 다른 방을 쓰기 시작하였다. 다른 하나는 『세종실록』에 "아들 형제와 공주는 50칸으로 하고, 대군은 10칸을 더하며, 2품 이상은 40칸, 3품 이하는 30칸으로 하고, 서민은 10칸을 넘지 못하며, 주춧돌을 제외하고는 다듬은 돌을 쓰지 않는다. 또한 검소한 기풍을 숭상하되 사당이나, 부모가 물려준 집, 사들인 가옥은 제한받지 않는다."라고 하였다. 『삼국사기』 제33권 잡지 옥사 편에 통일신라 흥덕왕이 내린 주택 규제 법령에 "진골은 겹처마 집을 지을 수 없고 현어를 사용하지 못하고 다듬은 돌로 계단을 만들 수 없다. 담장은 보와 서까래를 사용하여 기와를 올리지 못하고 석회도 바를 수 없고 추녀 끝에 도깨비 기와를 사용할 수 없다."라고 하여 집의 구조와 안팎의 장식 및 재료까지 상세하게 정했다.

경복궁 강녕전

〈경복궁 강녕전〉

〈강녕전 평면도〉

사정전과 교태전 사이에 월대를 갖춘 강녕전은 동쪽으로 연생전과 연길당, 서쪽에 경성전과 응지당이 있어 바람을 막아주니 아늑함을 더한다. 강녕전은 양쪽에 누마루 한 칸씩을 올리고 용마루 없는 지붕 합각에 '강녕(康寧)' 글자를 넣었다. 바깥은 촘촘한 초록색 완자살창을 걸고 작은방 사이에 미닫이와 여닫이를 둔 이중창을 두었다. 강녕전 굴뚝은 교태전의 양의문 양쪽 화방벽에 붙여 붉은 벽돌을 쌓아 집 모양 토기를 올리고 동쪽은 '천세만세' 서쪽은 '만수무강' 글자를 넣었다.

〈강녕전 합각 완자무늬 — 강〉

〈강녕전 합각 — 녕〉

〈경성전 합각 숫대살꽃무늬 — 양〉

〈경성전 합각 — 길〉

동쪽에 생명의 기운을 맞이한다는 연생전은 지붕 합각에 '양길' 글자를 넣었고 소주방에서 마련한 음식을 한 번 더 데워 임금님 수라상을 올리던 연길당은 '희' 글자를 넣었다. 완성을 기뻐한다는 경성전은 서쪽에 있고 복받는다는 응지당은 임금님의 수라상을 올리는 집으로 흠경각 담장과 마주한다. 둥근 우물은 바닥을 팔각형으로 돌을 깔았고, 모서리에는 구멍을 뚫어 기둥을 세워 지붕을 올린 흔적을 볼 수 있다. 굄돌은 네 귀를 붙여 도넛 모양으로 다듬은 돌을 둘 올려 둥글게 맞춰 두레박으로 물을 퍼 올릴 때 편리를 도왔다.

〈강녕전 굴뚝 — 서〉   〈강녕전 굴뚝 — 동〉

남쪽에는 오복을 기원하는 향오문, 평안함이 최고에 이른 안지문, 백성에게 오복을 펼치는 용부문, 마음을 맑게 하는 청심당, 광명을 맞는 연소당, 어진 사람을 높이는 건의당을 두었다. 동쪽에는 사람으로서 해야 할 일에 뜻을 두는 지도문, 오래 사는 수경당, 밝은 빛이 열리는 계광당, 늘 평안하기를 바라는 흥안당을 두었다. 서쪽은 흠경각 영역과 경계를 이루며 가운데 문을 내고 큰일을 이루는 내성문, 복되고 좋은 느낌의 건상당, 선안당은 바른 정치를 하여 백성이 편안하다는 뜻이다.

창덕궁 희정당

〈창덕궁 희정당 현관〉

〈희정당 현관 합각 — 희〉

    1917년에 대조전 영역이 큰불로 모두 타버리자 열다섯 칸의 집터에 쉰다섯 칸의 강녕전을 옮겼다. 앞에는 차를 타고 내릴 수 있도록 화려하게 치장한 서양식 현관을 두었다. 일본식으로 다듬은 길쭉한 받침돌에 기둥을 올려 낙양각을 걸고 오얏꽃을 안팎으로 두었다. 바깥에서는 희정당으로 드는 문을 찾을 수 없어 이곳에서 먼발치로 희정당 현판을 보고는 대부분 지

〈창덕궁 희정당〉

나친다. 그러나 발품을 조금 팔면 동쪽으로 돌아가서 구름다리 밑으로 머리를 숙이고 들어가면 희정당과 뜨락을 맞이할 수 있다.

〈희정당 합각 완자무늬 — 강〉

현관의 동쪽에 귀빈실과 화장실을 두고 서쪽은 비서실과 사무실이 있었으며 지붕의 합각에는 '쌍 희(囍)' 글자를 나무판에 새겨 끼웠다. 경복궁 강녕전을 옮긴 집인데 희정당에는 용마루가 있고 검파 끼운 취두를 올렸으며 합각에 '강녕' 글자를 넣었다. 나무판에 새긴 글자는 획은 막고 여백은 뚫어 이 공간으로 공기가 드나드는 환기창 구실을 하는데 이것이 경복궁의 합각과 양식이 다르다. 희정당 마당 굴뚝은 동쪽에 도덕 글자와 기린, 남쪽은 영락 글자와 사슴, 서쪽은 수부 글자와 학, 북쪽은 강녕 글자와 코끼리를 넣어 장식했다.

〈희정당 굴뚝 서쪽 — 수부와 학〉

〈희정당 굴뚝 북쪽 — 강녕과 코끼리〉

〈희정당 굴뚝 동쪽 — 도덕과 기린〉

〈희정당 굴뚝 남쪽 — 영락과 사슴〉

이마에 뿔이 하나 돋은 기린은 어진 성품을 상징하고, 사슴은 하늘 향해 뻗은 뿔이 신의 뜻을 받는다고 여겨 풍요함을 상징한다. 코끼리는 힘이 세기는 하나 함부로 날뛰지 않기에 자비와 덕을 상징하고, 학은 오랜 삶과 훌륭한 선비를 상징한다. 굴뚝 무늬는 정치를 잘하니 모든 일이 잘되고 백성이 평안하다는 희정당과 찰떡궁합처럼 잘 어울린다. 희정당 동쪽 창문에 벽장을 만들어 책이나 생활에 필요한 것을 보관하는 공간으로 활용했다.

창경궁 환경전

〈창경궁 환경전〉

옛집은 산을 등지고 냇가를 앞에 두기에 배산임수라 해서 하다못해 논두렁이라도 등에 지고 있는데 환경전은 허허한 벌판에 동그마니 앉아서 남쪽을 향하고 있다. 여느 집처럼 사방을 마루로 돌리고 정자살 창문을 달았는데 모두 기뻐하고 축하한다는 환경전에 임금님과 세자 등이 잠시 머물기도 하였다. 순조 때 환경전에서 효명세자의 장례를 치르는 중에 큰불이 나 불속을 뚫고 들어가서 크고 무거운 관을 들고나오는 황당한 일도 있었다. 명정전 복도로 이어져 있는 빈양문은 창덕궁 숙장문과 같은 구실을 하며 밝음을 높이 받들어 맞이한다는 뜻이다. 남쪽의 숭문당은 누마루 양쪽에 나무 계단을 두었고 임금이 유학을 높이 받든다는 뜻이다.

창경궁 함인정

〈창경궁 함인정 편액〉

인왕산 아래 인경궁의 경수전을 옮겼다고 하는 함인정은 임금님이 과거 시험에 합격한 사람들을 만나거나 책을 읽던 집이다. 어짊에 흠뻑 젖는다는 함인정은 가운데가 바깥보다 높은 2단 마루를 깔고 화려한 우물반자 옆에 '춘수만사택', '하운다기봉', '추월양명휘', '동령수고송'의 편액을 걸었다. "봄날의 물은 사방의 못에 가득하고 여름 구름은 기이한 봉우리 모습도 많다. 가을 달은 밝게 비추고 겨울 고갯마루 소나무 한 그루가 빼어나구나."라는 뜻이다.

덕수궁 함녕전

〈덕수궁 함녕전〉

　행랑을 빙 둘러 서쪽의 덕홍전과 공간을 함께하는 함녕전은 세상이 평안하다는 뜻으로 동쪽에 구름다리를 두어 행랑채를 오갈 수 있다. 서북쪽으로 두 칸을 더 달아낸 함녕전은 경복궁의 만화당을 옮긴 것으로 용마루에 검파취두를 올리고 지붕의 합각에 '수부' 글자를 넣었다. 대청에는 황제 의자와 일월오봉병을 놓고 우물반자에 서양식 조명기구를 달았으며 채광창에 황색 커튼 장식을 걸었다. 함녕전은 쪽마루에 정자살창을 달고 지붕을 얹어 공간을 넓혔고 뒷마당 꽃밭으로 뽑아낸 굴뚝에는 '수' 글자를 넣었다.

　남쪽의 치중문은 한쪽으로 치우치지 않는 바른 마음씨에 이른다는 뜻이다. 동쪽에 서로 도와 평안하다는 협강문, 신통하게 복을 받는 형복당, 봄기운이 뭉쳐 기운을 뿜는 응춘문, 넉넉하며 평안하다는 풍안당이 있다. 육덕문은 덕, 지, 인, 성, 충, 의, 화 등 사람으로 갖추어야 할 여섯 가지 덕을 이른다. 북쪽에 헤아릴 수 없이 많은 기쁨의 만희당, 덕이 깊고 믿음이 있으며 진실하다는 돈덕문이 있다. 「북궐도형」을 보면 치중문과 협강문, 응춘문이 제자릴 찾았고 형복당이 북쪽에서 동쪽으로, 풍안당이 서쪽에서 동쪽으로 옮겨 앉았다.

광명문은 황제의 사랑채 앞문에 걸맞게 용마루에 취두를 올린 팔작집으로 어진 정치가 밝게 빛난다는 뜻이다. 예전에는 보루각 자격루, 흥천사 종 등의 눈비를 막아주었는데 지금은 자리를 옮겨 홀로 선 모습이 생뚱맞으나 그래도 반갑다.

〈함녕전 합각 — 수〉

〈함녕전 합각 — 부〉

〈함녕전 광명문〉

〈함녕전 황제 자리〉

덕수궁에 큰불이 나니 영국과 미국 공사관에서 소방 장비를 가지고 들어가려 하였으나 문이 열리지 않았다. 아마도 황제의 안전을 위한 조치가 우선이었기 때문일 것이다. 불이 계속해서 크게 번져서 고종 황제가 서쪽 중명전으로 피하고 나서야 문이 열리고 외국 공사관 사람들의 도움을 받아 겨우 불을 끌 수 있었다.

〈덕홍전과 함녕전〉

　함녕전을 짓기 전 즉조당에 머물며 사용한 사랑채가 덕수궁 석어당으로, 궁궐에서 오직 하나인 이층집이다. 누각인 창덕궁의 주합루가 있기는 하나 비교할 수 없는 석어당은 정자살창을 두어 안을 밝게 하고 쪽마루에도 창문을 달고 지붕을 올려 공간을 넓게 썼다. 지붕에는 어떤 장식도 올리지 않고 단청도 하지 않았다. 대청에 '해옥주첨수팔백', '요지도숙세삼천' 등의 주련 두 장을 걸었는데 "신선이 사는 바닷가 집에 산가지 하나를 더하니 팔백 살이요, 신선 사는 동네 복숭아가 익어 나이가 삼천이라."하는 뜻이다.

〈덕수궁 석어당〉

〈석어당 이층 널마루〉

 나이 자랑하는데 뽕나무밭이 바다가 되었다가 다시 뽕나무밭이 될 때마다 나뭇가지 하나씩을 올려놓은 것이 집 한 채라는 신선의 「삼선관파도」와 3,000년 만에 한 번씩 열매가 익는 천도복숭아를 먹고 남긴 씨앗이 곤륜산만큼이나 높아졌다는 신선의 이야기를 그린 「조일선관도」를 글로 표현한 것이다. 임진왜란 때 임금이 머물렀다는 뜻의 석어당은 이 층에 오르면 칸막이 없는 길쭉한 공간에 널마루를 깔았고 서까래 하나하나가 드러난 천장이다.

〈삼선관파도, 출처: 국립고궁박물관〉

덕수궁 덕홍전

〈덕수궁 덕홍전〉

 월대를 갖춘 덕홍전은 삼태극을 새겨 소맷돌 머리로 놓고 검파 끼운 취두를 올렸다. 앞면 가운데 칸에 서양식 현관문을 걸고 동쪽과 서쪽에도 같은 문을 냈는데 이는 조선의 궁궐에서 서양식 현관을 지닌 오직 하나뿐인 집이다. 경소전을 짓고 명성황후를 모셔 장례를 치른 후 경효전으로 현판을 바꿔 걸었는데 삼년상 중 불에 탄 것을 다시 지었다.

〈덕홍전 현관〉 〈덕수궁 유현문〉

알현실로 사용하며 덕이 넓고 크다는 덕홍전은 남쪽에 융안문을 두고 행랑채에 귀빈실을 두었다. 서쪽에 꽃담을 두르고 문 셋을 내고 담장에는 '솟을 완' 글자무늬를 넣었다. 남쪽에 착함을 내려 준다는 석류문을, 서쪽에는 황제의 덕을 뜻하는 용덕문을 냈다. 어진 사람만 드나드는 유현문은 무지개 벽돌문 가운데 이름 새긴 돌을 끼웠다. 문밖에는 영지버섯을 물고 드는 학 두 마리, 문 안에는 용 두 마리 등 서로 다른 무늬 벽돌을 끼웠다.

덕수궁 정관헌

〈덕수궁 정관헌〉

세 벌 장대석 위에 붉은색과 회색 벽돌을 오목 볼록으로 마주 쌓아 귀퉁이를 만든 뒤, 콘크리트 기둥을 동, 남, 서쪽에 세우고 북쪽에는 벽을 치고 방을 두었다. 지붕 합각 위에 물고기 모양의 '현어'를 장식하고 추녀 끝을 회색과 붉은 벽돌을 띠처럼 돌렸으며 녹색 '아스팔트 싱글'로 지붕을 덮었다. 지하실이 있는 정관헌은 지하층에 환기구를 내고 돌돌 말린 넝쿨을 새긴 창틀로 막았다. 러시아에서 수입한 사각 타일을 바닥에 붙이고 베란다의 황색 난간은 소나무와 사슴 한 마리를 가운데 두고 네 귀퉁이에 박쥐와 마름모꼴로 마감하였다.

 기둥머리는 지중해 지역에서 자라는 아칸서스잎을 돌리고 배꽃을 가운데 두고 양쪽에 숫양의 뿔 장식을 두었다. 기둥머리에 꽃병을 세우고 양쪽 모서리에 천도복숭아를 물고 집으로 날아드는 박쥐를 끼워 꽃장식 머름을 받친다. 현관인 남쪽에 여의주를 두고 발톱 다섯의 두 마리 용이 힘을 겨루고, 동쪽은 모든 것이 이루어진다는 여의두 무늬, 서쪽은 부자 되기를 바라는 엽전 무늬를 놓았다. 조용히 바라보며 나랏일을 생각한다는 정관헌은 봄에 진달래가 활짝 필 때면 표현할 수 없는 상상 그 이상의 풍경을 이뤄낸다.

〈정관헌 기둥 장식〉

〈정관헌 현어〉

내 고장 문화유산

〈원주 법천사지 지광국사탑〉

    덕수궁 광명문 안에 있던 흥천사 종은 국가유산청에서 관리하는데, 서울 흥천사에서 소유권을 주장하며 돌려받으려 노력하고 있다. 하기야 그 유명한 '지광국사현묘탑'도 경복궁 뜨락에 있다가 원주시 부론면 법천사 터로 옮겨 앉았다. 나주 '서문 안 석등'도 국립중앙박물관에서 국립나주박물관으로 제 고향을 찾았다. 안양 '석수동 마애종'은 우리나라에서 딱 하나 있는 문화유산으로 바위 면을 다듬고 스님이 당목을 잡고 종 칠 준비를 하는 모습으로 울림통, 연꽃, 유곽 등을 세밀하게 표현했다.

〈안양 석수동 마애종〉

〈덕수궁 흥천사 동종〉

임금님의 강녕전처럼 양반들도 안채와 구별하는 사랑채가 있다. 늘 봄과 함께한다는 대전 '동춘당'은 송준길의 호를 따서 집 이름을 붙인 것으로 그는 효종 때 이조 판서 벼슬을 하였으며 성균관 대성전에 신위를 모셨다. 예산 '추사고택' 사랑채는 기둥마다 김정희의 추사체 글씨를 새긴 주련을 걸었고, 논산 '명재고택'의 주인 윤증은 스승인 서인의 거두 송시열과 헤어져 소론의 우두머리로 평생 벼슬에 나가지 않았다.

〈대전 동춘당고택 동춘당〉

〈논산 명재고택 사랑채〉

〈예산 추사고택 사랑채〉

궁궐의 안채

우리네 옛집은 대문채를 들면 사랑채가 있고 또 문턱을 하나 더 넘어야 안채에 들 수 있는 'ㅁ'자를 이룬다. 궁궐 안채는 서너 벌 장대석 위에 기둥을 올려 세 칸 대청을 두고 양쪽으로 두 칸 온돌과 한 칸의 누마루를 두었다. 월대를 갖춘 대청은 앞뒤로 툇마루를 두고 쪽마루를 놓아 난간을 화려하게 장식하였으나 경복궁 교태전만 월대가 없다. 용마루 없는 팔작지붕에 잡상을 올렸는데 창경궁 통명전만 잡상이 셋이다. 지붕의 합각 위에 '지네철'을 고정하고 화려한 장식을 받쳤으며 아름다운 무늬와 글자를 넣었다. 뒤뜰에는 꽃밭을 만들고 여러 무늬로 장식한 굴뚝을 올렸으며 담장도 아름답게 꾸미고 글자를 넣었다. '지네철'은 합각 위에 처마를 잇댄 널빤지가 '人(인)'자로 맞물려 벌어짐을 막으려고 쇠판을 댄 것이 지네를 닮았다 하여 이름 붙였다.

〈통명전 합각 지네철〉

〈합각의 띠쇠〉

경복궁 교태전

루	방	방	툇	마	루	방	방	루
루	방	방	대청	대청	대청	방	방	루
루								루
루	툇		마		루			루

〈경복궁 교태전 평면도〉

　광화문에서 시작한 너른 폭이 근정전, 사정전으로 오며 그 폭이 피라미드처럼 좁아져 아미산을 향하는 꼭지에 교태전이 앉았다. 원길헌과 함홍각은 날개집이고 남쪽에 양의문을 두고 동쪽에 만통문, 서쪽에 재성문을 냈다. 마루 밑의 초록 판문은 아궁이 드나드는 문으로 뒤뜰과 이어져 있다. 교태전과 붙은 날개집 경계에 문짝 없는 문틀을 만들어 낙양각을 달았다. 문머리에 넝쿨을 파낸 머름을 올리고 초록 삼지창과 홍살을 끼워 화려하게 치장한 월문을 세웠다. 온돌과 작은 방 사이에 미닫이와 여닫이 이중창문을 두고 대청에는 황룡과 청룡이 어우러진 우물반자를 올렸다.

〈경복궁 교태전 우물반자〉 〈경복궁 교태전 월문〉

　땅과 하늘, 음과 양이 잘 어울려 태평을 이룬다는 교태전은 세종대왕 때 관리들과 나랏일을 의논하고 함께 식사하는 곳이다. 고종 때 다시 지은 교태전은 궁녀들이 소속한 내명부를 총괄하던 임금님 부인의 집무실로 기능했고, 임금님 부부가 사랑하며 많은 자녀가 있기를 바라는 의미가 있다. 일제 강점기 창덕궁에 큰불이 일어 대조전 영역을 전부 태우니 경복궁의 교태전, 건순각, 원길헌, 함홍각 등을 창덕궁으로 옮겨 대조전 영역을 다시 지었다.

　임금님과 부인이 함께하는 집이라 용마루가 없다고 하나 그 당시 청나라의 최고급 기와 굽는 기술을 받아들인 것으로 보는데 대한제국을 선포하고 지은 덕수궁 함녕전에는 용마루 올린 것을 볼 수 있기 때문이다. 의원이 병을 진료하던 동쪽의 원길헌은 착함이 으뜸이니 좋은 일이 있고, 손님들이 차례를 기다리던 서쪽의 함홍각은 늘 너그러움을 품고 있다는 뜻을 담고 있다. 북쪽의 건순각은 굳세고 부드럽고 순한 자녀의 탄생을 바라는 뜻을 담았기에 젊은 부부들이 이곳을 찾아 무난히 아기 낳기를 기원한다.

　남쪽의 양의문은 음양이 서로 화합하여 임금님 부부의 화목한 생활을 바라는 뜻이 있다. 승순당과 보의당은 임금님 부인을 잘 받들고 순순히 따르면 그 마음을 알고 하늘과 땅이 좋은 일을 내린다는 것이다. 동쪽의 만통문은 모든 일이 잘되니 평안하다는 뜻을 담았고, 체인당은 어짊을 알고 실천하며 본받는다는 의미가 있다. 서쪽의 재성문은 계획하여 뜻을 이룬다는 것이고, 내순당은 하늘을 받들며 순종한다는 뜻이다.

아미산으로 가려고 동쪽 만통문을 나가 왼쪽의 화려한 무늬의 꽃담을 만난다. 꽃담은 '아(亞)' 자 돌림 테를 치고 빗겨 오르는 마름모꼴과 거북 등껍질 가운데 꽃을 놓은 무늬 사이로 '귀', '장' 글자를 넣었다. 벽돌을 쌓아 올린 연휘문은 밝은 빛을 맞이한다는 뜻이고 꽃담에 '세만춘' 글자는 늘 봄만 같길 바란다는 뜻이다. '장시선' 글자는 봄처럼 늘 따뜻한 날을 맞는 신선을 의미하고 건순문의 기둥 옆에 넝쿨과 국화 벽돌의 화려한 장식이 정겹다.

〈교태전 꽃담 — 귀〉　　〈교태전 꽃담 — 장〉

 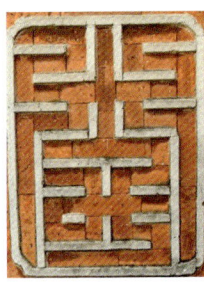 

〈교태전 꽃담 — 장〉　〈교태전 꽃담 — 시〉　〈교태전 꽃담 — 선〉

〈교태전 꽃담 — 세〉　〈교태전 꽃담 — 만〉　〈교태전 꽃담 — 춘〉

아미산 담장의 '흥화치덕호선락' 글자는 어짊으로 다스리고, 착함을 좋아하고 바른 것을 즐긴다는 뜻이다. 큰 복을 받는다는 원지문 안에도 뜻 모를 글자를 두었다. 아미산은 낮은 언덕이었으나 태종 때 경회루 연못을 파내며 나온 흙과 고종 때 경회루 연못에 쌓인 흙을 퍼내 덧쌓아 높고 넓게 되었다. 이곳에 다랑이 꽃밭을 만들어 매화, 모란, 앵두, 철쭉 등과 배나무 소나무 등을 심었다. 더하여 연꽃 함지와 낙하담, 함월지, 해시계 받침대 등 석물을 두고 굴뚝 여러 개를 뽑아 올렸다.

연꽃 돌함지에 구슬 띠와 연꽃을 새기고 속을 파냈는데 안에서 밖으로 기어 나오는 두꺼비 네 마리를 새겨 달나라 궁궐을 상징하였다. 두꺼비는 달의 여신 '항아'가 변한 모습이라 하며 창덕궁 연경당에서도 만날 수 있다. 위가 넓고 아래가 좁은 돌함지에 해 질 녘 노을이 내리는 '낙하담'과 달이 잠긴 연못 '함월지'라며 이름을 붙였다. 장구 모양의 해시계 받침대는 엽전 무늬와 꽃무늬로 장식하고 위아래로 연잎과 연꽃을 새겼으며 맨 위에 십이지신 중에서 '오(午)' 글자를 새겨 남쪽을 알렸다.

〈교태전 아미산 두꺼비〉

눈으로 잘 보이지 않으나 스마트폰 카메라로 촬영하고 이를 확대해서 보는 재미가 제법 쏠쏠하다. 묵직해 보이는 천문관측기구 받침대는 칸마다 구슬 기둥을 세우고 아래위로 모란꽃을 넣었는데 가운데 오목한 부분에는 마름꽃을 새겼다.

〈교태전 아미산 해시계 받침돌〉

네 개의 굴뚝은 붉은 벽돌을 육각형으로 쌓아 기와를 잇고 집 모양 토기를 올렸다. 굴뚝은 위에 넝쿨을 넣고 아래로 학과 대나무, 불가사리 순으로 무늬 벽돌을 끼웠다. 넝쿨과 학은 오래 삶을 의미하고 불가사리는 불을 예방하는 상징의 동물로 놓았다. 아미산 서쪽의 함형문은 만물의 형통함이 가득하다는 뜻이며 이곳에도 안팎으로 글자를 넣었다.

〈교태전 아미산 굴뚝〉

경복궁 함원전

　함원전은 동쪽에 교태전, 남쪽에 흠경각, 서쪽 행랑으로 경회루와 접하고 북으로 아미산이 있다. 『북궐도형』에 교태전 함홍각과 구름다리로 이어진 모습이 보이는 함원전은 원기를 간직한 곳에서 기운을 차린다는 뜻이며 지붕의 합각에 '장락' 글자를 넣었다. 아미산과 담장이 이어지는 곳에 굴뚝 셋을 세우고 어질고 착함이 으뜸이라는 선장문을 두어 흥복전과 통하고 꽃밭의 돌함지는 용트림하는 쌍룡을 새겨 거북돌 위에 올렸다. 아미산 끝자락에 턱이 낮은 둥근 우물이 있고 서쪽에 임금님의 덕이 위대하다는 대재문, 걱정이나 탈 없음을 근본으로 한다는 자안당, 뜻이 맞아 서로 사이가 좋은 관계를 이룬다는 융화당을 두었다.
　흠경각은 하늘을 받들어 따르며 백성들에게 농사짓는 시각을 친절하게 알려준다는 뜻이며 지붕의 합각에 '만세'를 넣었는데 교태전 마당에서 뚜렷이 보이는 '만(萬)' 글자이다. 흠경각은 장영실이 세종대왕의 전용 시계를

〈함원전 아미산 선장문〉

설치한 집으로 몇 해 전만 해도 남녀노소를 가리지 않고 손목에 시계를 차고 자동이니, 전자니 하더니만 요즘은 그마저도 구경하기 어렵다. 그러나 세종대왕이 살던 그 시대에 자동 시계를 만든다는 것은 동아시아 최고의 과학기술과 천문학을 뽐내야만 할 수 있었던 일이고 규모도 크지만 한 번 설치하면 이동하기 어려웠다. 그전에도 물시계는 있었으나 항상 관리가 시계를 지켜보며 시각을 알려야 하는 불편함이 있었다. 장영실, 이천 등이 이를 해결한 자동 물시계를 만들어 경복궁 남쪽 보루각에 설치하였는데 인형이 시간마다 북을 쳐 시각을 알리니 얼마나 편리하고 좋았을까?

〈함원전 아미산 쌍용 돌함지〉

『경복궁 영건일기』에는 도승지 '김돈'이 흠경각에 설치한 자동 물시계를 이렇게 설명했다. "임금이 하늘과 기후를 살펴 백성에게 일할 때를 알려주기 위해서 별자리와 방위, 시각을 측정하는 각종 천문기구를 정교하게 만들어 후원에 간의대를 설치했다." 그런데 세종대왕이 수시로 관찰하기 어려워 천추전 서쪽 뜰에 한 칸의 작은 누각을 짓고 흠경각 옥루를 만들었다. 옥루는 종이로 산 모습을 만들어 누각 가운데 두었다.

그 모습을 보면 구름이 태양을 둘러 산허리를 지나가되 하루 한 바퀴를 돌아 낮에는 산 너머에 보이고 밤에는 산속으로 사라진다. 태양 아래 네 명의 옥녀가 손에 금방울을 들고 구름을 타고 사방으로 나뉜다. 새벽 3시부터 9시까지 시각에 맞춰 동쪽에서 방울을 흔들고 11시부터 1시까지 남쪽에서 방울을 흔들며 서쪽과 북쪽에서도 모두 그렇게 하였다. 새벽 3시에 청룡이 북으로 향하고, 5시에 동으로 7시에 남으로 향하였다가 11시가 되면 다시 서쪽으로 향한다. 봉황도 차례로 향하는 방향에 보이고 백호와 거북과 같이 움직인다.

남쪽 산기슭에 관원이 관복을 입고 산을 등지고 서 있고 무사 세 사람이 방망이와 북채, 징을 치는 징채를 들었다. 시각이 되면 종과 북, 징을 치는데 서로 돌아보는 것은 똑같다. 그 밑에 십이지신이 각각 맡은 방위에 있고 자정쯤 구멍이 열리면 옥녀가 나오고 쥐도 일어난다. 새벽 1시가 되면 들어가고 쥐 또한 엎드리며 소, 뱀, 토끼 등이 계속 나타난다. 또 산에는 봄, 여름, 가을, 겨울의 경치를 만들고 사람, 가축, 초목의 형상을 만들어 절기에 맞춰서 안배해 놓았다.

〈흠경각 옥루 — 봄〉

〈흠경각 옥루 — 여름〉

〈흠경각 옥루 — 가을〉

〈흠경각 옥루 — 겨울〉

누각의 이름을 '흠경'이라 하니 이것은 요나라의 "하늘의 뜻을 공경히 받들어 백성에게 일할 때를 가르쳐 준다."라는 뜻이다. 흠경각 옥루는 청룡, 주작, 백호, 현무와 십이지신이 움직이고 북, 종, 징을 치며 관원, 옥녀 등이 차례로 함께 움직인다. 저절로 치고 움직이니, 마치 귀신이 시키는 것과 같아서 보는 사람을 놀라게 한다. 그 이유를 이해할 수 없으며 별자리와 시각이 털끝만큼도 틀리지 않으니 제작 능력이 절묘하다.

　'흠경각 옥루'는 태양의 움직임과 계절에 따라 각기 다른 백성의 생활 모습을 살필 수 있는 세종대왕을 위한 전용 시계로 당시 최고의 과학기술이 만들어낸 최첨단 자동 물시계였다. 현재 복원한 흠경각 옥루는 대전 국립중앙과학관에서 그 모습을 만날 수 있다.

창덕궁 대조전

〈창덕궁 대조전〉

　월대를 갖춘 대조전은 선평문이 큰 문으로 동쪽에 흥복헌, 서쪽에 융경헌을 두어 임금님과 부인이 각각 사용했다. 서쪽의 경극문을 나가면 생과

방, 세수간, 경훈각 등이 있고 뒤뜰에 함원전, 청향각이 있으며 다랑이 꽃밭 위에 후원으로 나가는 문을 냈다.

〈대조전 선평문〉

평안함을 널리 편다는 선평문은 교태전의 양의문을 옮긴 것으로 가운데 칸은 여섯 판의 초록 문짝을 달고 양쪽은 네 판의 문짝을 달았다. 월대는 해치 소맷돌 계단을 두고 창경궁과 같은 해시계를 옆에 놓고 동·서쪽으로 태극 셋을 새긴 소맷돌 계단을 두었다. 월대에는 두멍을 두 개씩 넷을 두고 지중해 아칸서스잎을 장식한 기둥에 둥근 전구를 올렸다. 처마 끝에 빗물받이를 두고 집 뒤에는 비가 들이치는 것을 막으려 비가림막을 설치했다.

〈대조전 해시계 받침돌〉

대조전 동쪽은 흥복헌과 함원전, 청향각, 희정당을 오갈 수 있는 임금님 생활공간이고, 서쪽은 융경헌과 경훈각과 목욕실을 오갈 수 있는 임금님 부인의 생활공간이다. 임금님과 부인은 일식과 월식, 동지와 하지, 초하루와 그믐, 비바람이 몰아치는 때는 함께 주무시지 않았다. 이때 자녀를 잉태하면 음양이 조화롭지 못해 건강하지 못하다고 여겼다. 따라서 오늘날 기상대 구실을 하던 관상감과 제조상궁이 협의하여 좋은 날을 택했으니, 함께 주무시는 날이 일 년 중에서 며칠이나 되었을까?

〈대조전 경훈각〉

〈대조전 청향각〉

〈대조전 목욕간〉

 복이 일어나는 흥복헌은 임금님 사랑채로 1910년 8월 22일, 한일 강제 병합을 체결한 쓰라림을 간직함과 동시에 1926년 순종 황제가 돌아가신 곳으로 조선의 최후를 상징한다. 좋은 일이 많이 생기는 융경헌은 황제의 부인 옷방으로 궁녀 방과 경훈각, 목욕실과 이어진다. 나무판에 글자를 쓰고 여백을 파낸 대조전 지붕의 합각은 '수부' 글자를 넣어 오랫동안 풍부한 삶을 바랐다.

〈대조전 생물방〉

〈대조전 빨래방〉

궁녀 대기실 옆의 경사스러움이 끝이 없다는 경극문을 나오니 남쪽은 덕이 밝게 빛난다는 요휘문이다. 앞에 있는 생물방은 과일이나 식혜 등을 준비하는데 상하수도를 갖추고, 바닥은 인조 대리석, 기둥은 흰색 타일을 붙여 마감하고 싱크대 등을 두었으며 뒤를 돌면 대조전의 주방이 있다. 행랑문을 들면 지붕의 합각에 '길할 길(吉)' 글자를 넣은 집이 임금님 부인 목욕실이고 한쪽 화방벽에 '수' 글자를 넣은 집이 빨래방이다.

〈대조전 합각 — 수〉

경훈각은 복도를 통해 대조전 온돌과 이어져 순종 황제의 부인이 영어와 일본어를 배우고 피아노를 쳤던 공부방이었다. 경훈각은 덕으로써 사람들을 잘 가르쳐 좋은 방향으로 나아가게 한다는 의미를 품고 있다. 서쪽 끝에 화장실을 두었는데 매화틀이라고 하는 이동식 변기를 밖에서 처리할 수 있도록 문을 냈다.

함원전은 대조전의 온돌과 이어져 순종 황제의 목욕실과 서재로 쓰였는데 천지 만물을 생성하는 근원이 되는 기운을 간직한다는 뜻이다. 대조전 다랑이 꽃밭으로 뽑은 굴뚝에 무늬 벽돌이 있는데 학과 사슴, 기린, 말과 봉황을 방향에 맞춰 끼웠다. 꽃담에는 '귀복수부락' 등의 글자를 넣어 귀하고 복 받으며 즐겁게 오래 사는 것을 바랐다.

〈청향각 굴뚝 동쪽 — 황〉

〈청향각 굴뚝 동쪽 — 연꽃〉

〈청향각 굴뚝 남쪽 — 정〉

〈청향각 굴뚝 남쪽 — 새〉

　청향각은 순종 황제의 옷을 보관하던 집으로 북쪽 화방벽에 '부' 글자를 넣었다. 굴뚝에도 글자와 무늬가 있는데 동쪽은 '황' 글자와 연꽃과 사자, 남쪽은 '정' 글자와 꽃과 새, 서쪽은 '용' 글자와 토끼, 북쪽은 '봉' 글자와 국화를 넣었다. 귀퉁이의 박쥐는 번식능력이 뛰어나고 '박쥐 복(蝠)'은 '복 복(福)' 글자와 같은 음이라, 자녀를 많이 두고 행복함을 상징했다.

〈청향각 굴뚝 서쪽 — 용〉

〈청향각 굴뚝 서쪽 — 토끼〉

〈청향각 굴뚝 북쪽 — 봉〉

〈청향각 굴뚝 북쪽 — 국화〉

달나라 토끼는 옥황상제의 불로장생약을 절구에 빻고 있어 오래 살기를 바라는 마음을 담았다. 꽃과 새는 부부의 금실을 뜻하며 연꽃 씨앗은 많은 자녀를 의미한다. 맨 윗단에도 네 면에 그림이 있으나 벽돌의 탈락이 심해 알아보기 어렵다.

담장에 붉은색과 검은색 벽돌로 글자를 넣었는데 오래 살고 평안하며 많은 자식을 바랐고 추양문과 천장문을 두어 담 너머 창덕궁 후원으로 들 수 있게 했다. 여춘문은 아름다운 봄을 의미하며 옆에 낮은 담을 두른 곳이 창덕궁 보일러 기관실이다. 대조전과 희정당의 대청과 복도 난방을 위한 보일러 시설이며 겉으로 드러나지 않게 지하에 두었다. 희정당 동쪽 언덕 동인문은 모든 백성에게 골고루 어질게 대함을 뜻한다.

창경궁 통명전

　월대를 갖춰 양쪽에 두명을 두고 남쪽을 향한 통명전은 통달하여 밝다는 뜻이고 툇마루에 문살 간격이 넓은 정자살창을 두어 안을 밝게 했다. 샘물이 솟아나 오목한 돌바닥에 머물다 홈을 따라 폭포처럼 쏟아지고 연못 안에 솟은 기둥머리에 '팔각대' 이름을 새겼다. 연잎 돌기둥 두 개가 받치는 돌다리는 연못을 남북으로 나누었다. 통명전 꽃밭 아래는 '차고 맑은 샘'이라는 뜻의 '열천' 글자를 새기고 빗물이 흘러들지 못하도록 돌을 얹고 양쪽으로 홈을 파서 물길을 냈다. 양화당은 높낮이에 따라 석축을 쌓은 너른 마당을 두었는데 몸과 마음을 잘 가꾸길 바란다는 뜻이다.

〈창경궁 통명전〉

〈창경궁 통명전 열천〉 〈통명전 연지 연꽃 기둥〉

〈창경궁 양화당〉

　궁궐의 장례도 임진왜란을 피하지 못하니 통명전에서 엄청난 일이 벌어졌다. 명종의 아들 순회세자 부인 '공회빈 윤씨'의 장례를 통명전에서 치르던 중 왜군이 조선을 쳐들어오자, 혼이 빠진 선조는 4월 30일 새벽에 황급히 궁궐을 빠져나갔다. 한참 도망가다 보니 장례 치르던 일이 생각나서 임시로 관을 땅에 묻으라 명을 내린다. 그런데 통명전에 불이 났기에 "관리들이 관을 옮겨 함춘원에 묻었다."라는 것과 "통명전과 함께 불에 탔다."라는 설이 전해진다. 이후 선조가 서울로 돌아와서 시신을 찾지 못하고 장례를 치르니, 서오릉 순창원의 무덤이 그것이다. 숙종 때 장희빈이 인현왕후를 저주하며 통명전 영역에 흉물을 묻어 사약을 받았기에, 숙종이 후궁은 절대로 임금의 부인이 될 수 없도록 법으로 정했다.

덕수궁 석조전

  현관에 6개, 동과 서에 각각 4개씩 둥글고 키 큰 돌기둥을 세우고 기둥 머리에 숫양의 뿔 장식을 올려 그리스 신전과 같은 느낌을 준다. 석조전은 벽돌을 쌓아 올리고 아치형 철판 위에 콘크리트 슬래브를 얹고 외벽을 화강암 판석으로 마감하여 석조전이라고 하였다. 1층에 접견실과 대기실, 식당, 벽난로 등을 두고 금테를 두른 화려한 장식의 거울이 눈에 쏙 들어온다. 접견실은 너른 공간에 카펫을 깔고 남쪽을 향해 주인 의자 둘을 중심으로 양쪽에 소파와 등받이 의자를 두어 신분에 어울리게 앉게 하고 천장에 샹들리에를 걸었다.
  2층은 사적인 공간으로 침실을 두고 서양식 목욕탕과 좌변기를 두었다.

〈덕수궁 석조전〉

1910년에 완공하였기에 고종이나 순종 황제는 공식적으로 사용하지 못하고 일제강점기 덕수궁 미술관으로 운영하다가 광복 후에 '미소공동위원회' 회의가 열린 곳이다. 2000년대 후반에 일본의 시즈오카현 '하마마쓰 시립도서관'에서 석조전의 설계도를 발견하여 당시 모습으로 복원하고 2014년부터 대한제국 역사관으로 운영하고 있다.

> 내 고장 문화유산

지붕의 옆에서 보면 용마루가 마주하는 곳에서 판재가 벌어지는 것을 막으려고 길쭉하게 붙인 철판을 볼 수 있다. 쇠가 귀한 옛날에는 나무로 물고기 모양을 새겨 고정하였는데 이를 '현어'라고 한다. 덕수궁 '정관헌'은 양철을 오려서 상징적으로 사용하였고 익산 '숭림사 보광전', 경주 '동궁과 월지'에서 현어를 만날 수 있다. 국립중앙박물관의 '개성 경천사 터 십층석탑' 지붕 아래에도 현어를 새겼고 일본 교토의 '고쇼', '니시혼간지', '니조죠' 등에서 나무로 만든 화려한 현어를 만날 수 있다.

〈익산 숭림사 보광전 현어〉

〈경주 동궁과 월지 현어〉

〈교토 어소 현어〉

충북 진천군 초평면에서 궁궐 이외에는 볼 수 없는 용마루 없는 집을 보고 깜짝 놀랐다. 솟을삼문에 '모정각' 현판을 걸었고 단청은 하지 않았지만 조금도 다르지 않은 궁궐 집으로 집주인의 건축에 대한 사랑에 나는 벌어진 입을 다물 수 없었다.

〈진천 모정각〉

〈안동 진성이씨 온혜파 종택 태실〉

〈경주 송첨 종택〉

교태전에 건순각을 둔 것처럼 양반가에서도 자녀의 출산을 중요하게 여겼는데 안동시 도산면 '안동 진성 이씨 온혜파 종택' 안마당에 '퇴계선생태실' 현판을 걸어 이황 선생이 태어난 곳임을 알린다. 경주시 양동 마을 '송첨 종택'은 손중돈과 이언적 선생이 태어난 집으로 시집간 딸들이 아기를 낳으러 오지 못하도록 한다는 속설이 있다. 풍수에서 아직도 빼어난 한 분이 태어나실 집 자리이기 때문이라고 한다. 용꿈을 꾸고 낳았다는 강릉 '오죽헌 몽룡실'은 율곡 이이 선생이 아홉 번 과거를 보아 모두 장원 급제한 것으로 유명하다.

〈강릉 초당고택 안채〉

〈홍성 사운고택 안채〉

양반가의 안채는 대부분 'ㅁ'자 형식으로 앞에 사랑채가 있고 안채를 뒤에 배치했다. 이는 여성들의 생활공간인 안채를 외부 시선으로부터 차단하기 위한 목적이다. '강릉 초당고택'은 사랑채와 안채 사이에 솟을대문과 작은 문을 두어 공간을 독립적으로 구성하였는데 선조 때 유명한 시인 허난설헌이 태어나고 자란 곳이다. '홍성 사운고택'의 안채는 사랑채를 돌아서 들어가는 개방적 공간으로, '숙부인 전의 이씨'가 음식 조리법을 기록한 책, 『음식방문니라』가 전한다. 재미있게도 안주인을 위한 안사랑채 '얼방원'이 남쪽에 독립적으로 있어 안주인 손님들을 따로 맞이했다.

전남 '구례 운조루'는 남몰래 드나들기 쉬운 곳에 두 가마니가 넘게 들어가는 쌀통을 두어 "쌀이 필요한 사람은 누구나 가져가라."라고 하여 이웃사랑을 실천했다. 충남 예산 '추사고택'의 안채는 특이하게도 부엌은 난방용으로만 쓰고 요리를 위한 공간을 따로 두었는데 이는 궁궐 주택 구조와 같은 것으로 영조의 둘째 딸 화순 옹주가 시집와서 살았기 때문이다.

〈구례 운조루 안채〉

조선의 영빈관

대한민국에 영빈관이 있듯이 조선에도 나라에 좋은 일이 있을 때나 외국 사신을 위해 큰 잔치를 열었던 공간이 경복궁의 경회루와 덕수궁의 돈덕전이다.

경복궁 경회루

경회루는 네모진 큰 연못의 동쪽에 2층 누각을 세우고, 돌다리 셋을 놓았으며 서쪽에 배를 타는 선착장이 있다. 경회루 서쪽에 네모꼴 섬 두 개를

〈경복궁 경회루〉

두었는데 둥근 섬의 향원정과는 또 다른 느낌을 준다. 경회루는 바깥으로 사각 돌기둥 24개와 안으로 둥근 돌기둥 24개를 두고 그 위에 마루를 깔았다. 사각기둥은 동지부터 시작하여 춘분, 하지, 추분으로 이어지는 24절기를 나타내고 둥근 기둥은 동서남북 등의 방향을 의미한다.

〈경회루 보라색 우물반자〉

〈경회루 3단 마루〉

남쪽에 있는 계단을 오르면 누각의 마루는 가운데가 가장 높고 바깥 자리가 낮은 3단의 층을 이룬다. 우물반자 가운데는 보라, 중간은 주황, 바깥자리는 초록의 초룡을 단청하여 신분을 구별하고 화재를 예방하고자 했다. 지붕이 크니 잡상 열한 개를 올리고 기왓골 앞뒤로 장쇠를 늘였으며 큰 창문에 큼직한 낙양각을 걸었다. 중종 때 경회루 넓은 창에 많은 들비둘기가 안으로 들어와 단청을 더럽히기에 철망을 둘렀다.

〈경회루 낙양각 철망〉

경복궁 경회루 181

이견문은 어진 선비를 만난다는 임금님 전용 다리로 엄지기둥에 여의주를 움켜쥔 용을 앉히고 건너편에 둥근 발굽의 기린을 올렸다. 가운데 함홍문은 너그러움을 품는다는 뜻으로 임금님 가족이나 친척들이 드나들었다. 엄지기둥에 꼬리 끝이 둥글게 말린 '이무기'와 풍성한 꼬리털을 말아 엉덩이에 올린 '추우'를 앞뒤로 앉혔다. 추우는 『시경』국풍·소남 편에 나오는데 흰 호랑이와 비슷하게 생겨 살아있는 것을 먹지 않는 의로운 짐승이라 하여 임금님의 지극한 덕을 의미한다.

만물이 다시 살아나는 자시문은 관리들이 드나드는 돌다리로 엄지기둥에 큰 귀와 긴 코, 긴 이빨을 드러낸 코끼리와 주먹코에 수염을 빗겨 새긴 해치를 앉혀 청빈한 삶을 강조했다. 불가사리라고 주장하는 학자도 있으나 코끼리는 태평세월을 상징하기에 종묘제례나 사직대제를 올릴 때 코끼리 모양의 술통을 사용했다.

고종 때 연못에 쌓인 흙은 퍼내고 태원전 자리에 있던 간의대 돌을 수습하여 둘레를 쌓고 불이 나는 것을 막으려고 용 두 마리를 연못에 넣었는데 그중 하나를 발견하여 국립고궁박물관에 전시하고 있다. 연꽃의 은은한 향기를 뜻하는 하향정은 중국의 황하 유역에서는 '하'라고 하고, 양쯔강 유역은 '부용'이라고 한다. 하향정 출입문인 필관문은 여울물을 살펴 근본을 생각하라는 의미로 아주 작은 웅덩이라도 먼저 채우고 나서 앞으로 나가는 물의 특징을 뜻한다. 물은 허술하게 지나쳐 버리거나 적당히 건너뛰고 나아가는 일이 없다. 경회루에서 흥복전으로 들어가는 만시문은 온갖 것이 새롭게 시작한다는 뜻이다.

〈경회루 이견문 용〉

〈경회루 이견문 기린〉

〈경회루 함홍문 이무기〉

〈경회루 함홍문 추우〉

〈경회루 자시문 코끼리〉

〈경회루 자시문 해치〉

덕수궁 돈덕전

〈덕수궁 돈덕전〉

　대한제국이 서양식 건물을 짓고 고종 황제 즉위 40주년 기념 잔치를 벌이려 했으나 콜레라가 유행하고 '러일전쟁'이 벌어져 그 뜻을 이루지 못했다. 돈덕전은 순종의 결혼식과 함께 황제 즉위식을 한 곳으로 2023년에 다시 지은 이층집이다. 붉은 벽돌과 화려한 창문이 잘 어울리는 집은 여러 나라의 외교관들을 만나고 외국의 귀한 손님들이 머무는 숙소로도 사용했다. 현관 양쪽으로 5개의 무지개 창을 내고 너른 지붕에 다락 창문 셋을 두었으며 서쪽으로 둥근 첨탑이 지붕 위로 봉긋 솟아 신선함을 주는 집이다. 안으로 들어가면 동쪽이 황제가 신하를 맞던 방이고 맞은 편에 휴게실이 있으며 북쪽에 식당이 있다. 다시 짓는 과정에서 지하실의 벽돌 쌓은 모습을 살필 수 있도록 유리판으로 마감한 돈덕전은 덕 있는 사람을 잘 대접하고 어진 사람과 믿음을 두텁게 한다는 뜻이다.

내 고장 문화유산

〈남원 광한루원〉

〈삼척 죽서루〉

〈진주 촉석루〉

　좋은 일이 있을 때 지방의 수령이 관리들이나 고장의 어르신들과 잔치를 벌이던 누각이 있다. 전북 남원 '광한루원'은 선조 때 정철이 크게 지으며 연못 가운데 신선이 산다는 봉래섬, 방장섬, 영주섬을 만들고 견우와 직녀가 칠월 칠석날 만나는 오작교를 놓아 은하수를 상징했다. 22개의 기둥이 받치는 삼척 '죽서루'는 "태백산 그림자를 동해로 담아 간다."라는 오십천의 빼어난 경관과 잘 어울린다. 감돌아 흐르는 밀양강 위에 앉은 밀양 '영남루'는 물결 위를 가볍게 걷는 미인의 발걸음을 뜻하는 능파각과 흐르는 물을 베개 삼는다는 침류각이 나란히 있다. 낙동강 왼쪽 지역에서 가장 중요한 고장이라는 '강좌웅부', 문경 새재 남쪽에서 이름난 누각이라는 '교남명루' 현판을 걸었다. 남강을 끼고 있어 영남 제일의 명승으로 꼽히는 진주 '촉석루'는 임진왜란의 치열한 전투 현장이었기에 '논개'의 영정을 모시는 '의기사'가 있다.

〈남양주 흥국사 영산전 잡상〉

궁궐의 전각에는 추녀마루에 잡상을 올려 집의 위상을 알린다. 잡상을 한 개 올린 집은 남양주 흥국사 영산전, 두 개는 동구릉의 숭릉 정자각, 세 개는 경복궁 자경전 청연루이다. 네 개는 자경전, 다섯 개는 창덕궁 규장각, 여섯 개는 수정전, 일곱 개는 근정전, 아홉 개는 서울 한양도성 숭례문이고 경회루가 열한 개로 가장 많다.

〈구리 숭릉 정자각 잡상〉

 남양주 흥국사는 선조의 아버지 덕흥대원군 묘를 관리하던 절집으로 궁궐과 깊은 관련을 보인다. 경북 구미 선산 객사 용마루는 사자 가족 넷을 올린 유일한 집인데 이런 모습은 일본 오키나와에서 많이 볼 수 있다.

〈구미 선산관아 용마루 사자 가족〉

조선의 내각

대한민국의 종합청사 구실을 하는 곳으로 창덕궁에 내각 현판을 걸고 규장각, 검서청, 홍문관과 약방 등이 있다. 경복궁에는 유화문 뒤쪽에 내각이 있었으나 지금은 수정전만 홀로 남았다.

경복궁 수정전

〈경복궁 수정전〉

월대를 갖춘 수정전은 동쪽과 서쪽에 구름다리를 놓았던 흔적을 품은 집으로 지붕에 검파 취두를 올리고 기왓골에 장쇠를 여럿 두었다. 관리들이 나랏일을 잘해서 백성을 평안하게 한다는 수정전은 현판이 걸린 가운데 2칸이 출입문이고 나머지는 창문이다. 『경복궁 영건일기』로 보면 수정전은 남쪽에 수정문과 영화문을 차례로 두고 가장 남쪽에 세 칸의 숭양문을 두었다. 고종이 수정전을 또 하나의 집무실로 사용하였기에 여러 가지 편리를 위해 월대를 두었다. 근정전으로 행차할 때 가마를 타고 수정문, 영화문, 숭양문으로 나와 동쪽으로 유화문을 지나서 근정문 뜰에 이른다.

수정전의 임금님 계단과 동쪽 계단 사이에 뜬금없이 화려한 문양을 새긴 노둣돌이 있는데 처음부터 이곳에 자리하지는 않았을 것이다. 말을 타고 내릴 때 사용하는 노둣돌은 앞과 옆에 사각형 틀을 새기고 그 안에 꽃을 새겼다. 꽃봉오리를 가운데 두고 여섯 줄기 꽃과 이를 감싼 넝쿨을 새기고 띠로 묶어 선물용 꽃다발을 떠올리게 한다.

〈경복궁 수정전 노둣돌〉

세종대왕이 이곳을 집현전으로 사용하며 훈민정음을 창제했는데 간송미술관에서 소장하고 있는 『훈민정음』은 글자를 만든 원리와 운용법 등을 예를 들어 설명한 책이다. 세종대왕은 관리들에게 훈민정음을 의무적으로 배우도록 하고 그 쓰임을 시험문제로 출제하였으며 형법 적용에도 그 내용을 훈민정음으로 써서 알려주게 하였다. 나아가 궁녀들에게 가르치고 대신과 관청에 훈민정음으로 쓴 글을 내렸다. 학자는 물론이고 양반가의 여자와 평민, 노비들까지도 쉽게 접하고 익힐 수 있어 순식간에 전국으로 퍼졌다.

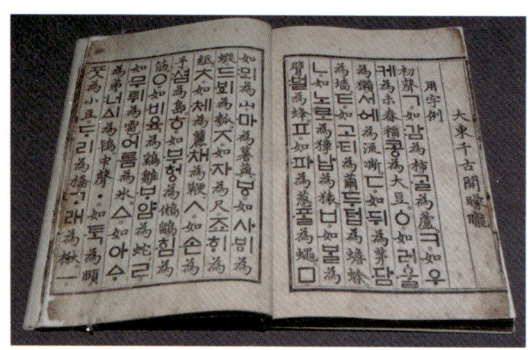

〈훈민정음 해례본〉

서울 노원구에 있는 '이윤탁 한글 영비'는 무덤 앞에 세운 비석으로 "신령한 비석을 깨트리는 사람은 화를 입을 것이니라, 한자를 모르는 사람들에게 알리노라." 하여 중종 때 사용하던 훈민정음으로 기록하였다. 이는 훈민정음으로 새긴 최초의 비석으로 한글이 변해 온 과정을 잘 보여 준다.

〈서울 이윤탁 한글 영비〉

창덕궁 내각

〈창덕궁 내각 현판〉

금천교 북쪽 긴 행랑이 내각의 대문채로 궁궐 안에서 임금님을 돕는 홍문관, 건강을 보살피는 약방, 시와 글을 보관하는 규장각, 공문서를 보관하던 예문관 등이 금천을 가운데 두고 양쪽으로 나뉘어 있다. 정조 임금이 후원 부용지 능선에 규장각을 짓고 학문과 정책 등을 연구하다 규모가 점점 커지니 봉모당 앞으로 옮겼다. 새로 지은 규장각은 여섯 개의 돌기둥에 올린 누각에 대청과 온돌을 갖추고 나무 계단 셋을 두어 오르내리도록 하였다. 아마도 귀한 책을 보관하는 곳이라 바닥에서 올라오는 습기를 피하려

집을 높인 것이리라.

　규장각은 별처럼 보배롭고 귀한 글을 보관하는 집이라는 뜻이다. 왕실의 혼례와 장례, 세자의 책봉, 궁궐 건축 등 중요한 행사를 그림으로 기록한 의궤를 만들어 강화도의 외규장각과 나누어 보관했다. 국립중앙박물관에서 외규장각 의궤 반환 특별전시를 통해 고급 종이에 글자 하나하나, 섬세한 그림까지 정성을 다한 뒤, 하늘하늘 뭉게구름 문양의 초록색 비단 표지에 놋쇠 판을 댄 임금님에게 올리는 의궤를 볼 수 있었다.

　규장각을 돌아가면 담장 가운데 초록색 세 칸 문에 철판 장식을 빼곡히 넣은 운한문을 만난다. 대부분의 문은 굵은 널빤지를 세워 만든 튼튼한 판장문인데 이 문은 문틀을 짜고 그 안에 사각형의 널빤지를 끼워 넣어 두 칸이 한 짝이 되어 안으로 접히는 골판문이다. 이 문은 약해 보이나 안으로 접을 수 있기에 좁은 공간을 차지한다는 특징이 있고 대조전 선평문에도 골판문을 걸었다. 운한문은 은하수처럼 아름다운 임금의 글이라는 뜻이고, 문 안에 있는 봉모당은 나라를 다스리는 글이나 자료, 책 등을 보관하는데

〈창덕궁 규장각〉

옆과 뒤에 서고를 세 채나 지었다. 금천의 상류가 보이는 것을 막기 위해 냇물에 기둥을 세워 담을 올렸고, 다리 건너 현판 없는 만우문은 집들이 빽빽이 들어찬 곳으로 든다는 뜻이다. 뜰에 있는 밑동 굵은 750여 년 된 향나무는 후원을 관람하고 나오면서 볼 수 있는데 오랜 세월을 버텨온 창덕궁 향나무는 2010년 태풍 곤파스에 의해 큰 줄기가 부러졌다.

〈창덕궁 봉모당 운한문〉

〈창덕궁 봉모당〉

〈창덕궁 향나무〉

<창덕궁 검서청>

<창덕궁 검서청 난간>

　검서청은 대청과 온돌을 갖추고 금천 위에 돌기둥 셋을 놓고 누각을 올려 여름에 시원함을 더했다. 검서관은 규장각에서 사관을 도와 책을 교정하거나 책을 옮겨 써서 또 한 권의 책을 만드는 일을 하였다. 정조 임금은 박제가, 이덕무, 유득공, 서이수 등 서자들을 검서관으로 등용 하였는데 이들은 임금님의 물음에 답하기 위해서 순번을 정해 밤에도 근무하였다. 검서청의 툇마루와 쪽마루에 수레바퀴 모양을 가운데 두고 X자 빗살을 끼운 보기 힘든 난간을 두었는데 승화루와 부용정에서 만날 수 있는 아주 특별한 난간이다.

　금천교 건너편에 있는 옥당은 큰 문 앞에 집안을 가리는 담을 쌓고 앞쪽과 동·서쪽 방향으로 각각 작은 문을 냈다. 앞문은 옥당으로 바로 들고 동쪽 문은 행랑채와 등영루를 마주하고 서쪽 문은 행랑채와 금천을 건너는 복도를 보게 된다. 담은 옥당 관리들이 임금님이나 다른 관리들의 인기척을 느끼면 자세를 바르게 할 수 있는 여유를 주기 위해 쌓은 것이다. 옥당은 옥같이 귀한 집에서 중요한 나랏일을 한다는 뜻이고 등영루는 명예로운 지위에 오르는 누각이라는 뜻을 담은 책방이다. 홍문관, 사헌부, 사간원은 언론을 맡은 관청인데 그중에 홍문관의 또 다른 이름이 옥당이다. 조선시대 높은 벼슬에 올랐던 사람으로 옥당을 거치지 않은 경우는 거의 없다. 홍문관 관원이 되려면 임금님 말씀을 문서로 다듬고 유교의 사상과 경전을 임금에게 강의할 수 있을 만큼 학문과 인격적 수양이 깊어야 했다.

약방은 코앞에 날개집이 있어 밖에서 보는 사람이 답답하게 느낄 수 있으나 안으로 들어가면 생각보다 너른 대청이 있어서 또 다른 느낌을 준다. 약방은 약을 짓는 방이란 뜻으로 내의원이라 불리며 임금님과 부인 등 귀한 분들의 건강을 보살폈다. 약방 본채와 서쪽 행랑 사잇길로 들어서면 약방에 딸린 집이 있다. 서쪽 행랑은 옥당의 등영루와 나란히 있고 좁은 문도 있어서 약방과 옥당의 관계가 무척 가까웠음을 알 수 있다.

창덕궁 약방

〈창덕궁 약방 의원 관복〉

〈창덕궁 옥당〉

내의원 하면 허준과 대장금을 떠 올린다. 허준은 당시까지 전해오던 의학서적의 처방법을 질병에 따라 체계적으로 구별하여 『동의보감』을 집필했다. 동쪽 나라의 의학을 거울처럼 상세하게 기록한 보물이라는 뜻으로 중국의 동쪽에 있는 조선을 의미한다. 우리 산과 들에서 나는 약재로 처방법을 밝혀 백성들이 쉽게 이용하게 하였으니 얼마나 큰 의료 혜택인가? 조선에서 처음 펴낸 동의보감은 영조 때 일본과 청나라에서도 책으로 펴냈다.

창덕궁 영의사

〈창덕궁 영의사〉

약방 뒤에 있는 영의사는 임금의 조상에게 의지하는 집이라는 뜻으로 뜰에 오랜 세월을 버텨온 큰 느티나무가 있는 것이 특징이다. 느티나무에서 영의사를 바라보면 창고와 별채, 본채가 장대석과 지붕의 높낮이가 다름과 함께, 팔작지붕의 큰 집과 맞배지붕의 작은 집 지붕이 서로 맞닿아 아름다운 맵시를 보인다. 느티나무와 남쪽으로 마주하는 곳이 화장실이고 그 옆을 통해 약방과 서로 오갈 수 있다. 뒤에는 옛 선원전의 남쪽 행랑이 담장 구실을 하는데 한 칸을 터서 연경문을 냈다. 영의사 부엌을 돌아가 보이는 승안문은 웃어른의 말씀을 잘 따른다는 뜻이다. 억석루는 옛 선원전 남쪽 행랑 지붕에 올린 네 칸 누각으로 승안문 안에 오르내리는 계단이 있어 홍문관 학사들이 휴식을 취하며 경치를 감상하던 곳이다. 억석루는 중국 고대의 전설적인 인물 셋 중 한 명으로 약을 최초로 발명한 '신농씨'를 생각하면서 병을 잘 낫게 하라는 의미를 담고 있다. 그는 온갖 풀을 씹고 삼키며 약초를 찾고 쟁기를 만들어 농사짓는 법을 알렸다. '복희씨'는 들짐승을 가축으로 기르고 그물로 물고기를 잡고 사냥하는 방법을, '수인씨'는 불을 발명하여 음식을 익혀 먹는 법을 가르쳤다고 전한다. 위층 억석루 용마루와 아래 행랑채의 용마루가 서로 어긋나 있음을 보니 슬그머니 웃음이 터져 나온다.

〈창덕궁 억석루〉

내 고장 문화유산

〈안동 주하리 뚝향나무〉

〈순천 송광사 천자암 곱향나무〉

〈남양주 양지리 향나무〉

우리나라에서 천연기념물로 지정한 향나무는 열한 그루이며 그중에는 똑바로 자라지 않고 줄기와 가지가 비스듬히 자라다가 전체가 수평으로 퍼지는 특징을 지닌 나무가 있다. 안동시 와룡면의 '주하리 뚝향나무'와 후손들에게 효성을 보여주기 위해 심었다는 세종시 조치원읍 '봉산동 뚝향나무'가 그것이다. 나이가 가장 많은 전남 순천시 송광사의 '천자암 쌍향수'

는 고려 때 보조국사와 담당국사가 중국에 다녀오면서 짚던 향나무 지팡이를 꽂은 것이 자랐다고 하는데 두 그루 향나무가 서로 닿을 듯 비비 꼬며 자라 그 모습이 매우 묘하다. 경기도 남양주에는 거창신씨 조상들이 심었다는 '양지리 향나무'가 자란다.

지방의 행정관서로는 지금의 서산, 아산, 예산, 당진 등 내포 지역의 군사 방어와 치안을 담당하던 「서산 호서좌영」, 지방의 실무를 담당하던 아전들의 집무처인 부여 「홍산관아 이방청」이 있다. 형벌을 담당하는 아전들과 우두머리의 집무실 「결성동헌 형장청」이 있고 「충청수영 진휼청」은 흉년이 들었을 때 어려운 백성들이 먹고 살 수 있도록 곡식을 나눠주었다.

〈서산 호서좌영 집무실〉

〈보령 충청수영 진휼청〉

〈홍성 결성동헌 형장청〉

전남 해남군의 '민정기 가옥'에는 난간 기둥으로 병과 북, 아(亞)를 새겨 세우고 난간 아래에 거북 두 마리를 두어 재미를 더한다.

〈해남 민정기 가옥〉

내의원 의녀들은 궁중의 여성들을 대상으로 진맥을 보고 침을 놓으며 아이 낳을 때 옆에서 도왔으나 직접 약을 처방할 수는 없었다. 대장금, 그녀는 중종의 병을 맡아 책임진 의사였다. 성종 때 치과 전문의 '장덕', 인조 때 맥을 잘 짚기로 소문난 '연생', 영조 때 침 잘 놓는 '송월'이 있었다. 특이하게도 정조 임금이 의녀 반수 벼슬을 내린 김만덕이 있다. 김만덕은 제주도에 흉년이 들어 많은 사람이 굶게 되자 전 재산을 털어 뭍에서 쌀 오백 섬을 사와 관가에 맡기니 제주도 백성들이 배고픔에서 벗어날 수 있었다. 이 소식을 들은 정조 임금이 소원을 물으니, 그녀는 한양에 올라가 임금님 계신 곳을 보고 금강산 구경을 하고 싶다고 말했다. 인조 때 섬에 사는 백성이 육지로 나가지 못하게 하는 '출육금지령' 때문에 평생 섬을 나갈 수 없었다. 더군다나 여성으로 여행한다는 것은 꿈도 꿀 수 없는 일이고 벼슬아치가 아니면 궁궐에 들어갈 수도 없었다. 그런 상황에 정조는 김만덕에게 의녀 우두머리인 반수 벼슬을 내리며 직접 만나 주었고 제주시 건입동에 '김만덕 묘비'가 있다.

〈제주 김만덕 묘비〉

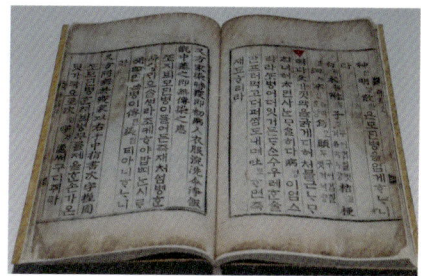
〈간이벽온방〉

〈상주 존애원〉

조선에 큰 피해를 준 전염병을 보면 문종 때 황해도 지방에서 수막염이 발병했고, 명종 때 말라리아인 학질, 영조 때 홍역, 순조 때 콜레라가 조선을 휩쓸었으며 종기도 무서운 질병이었다. 이러한 전염병을 예방하기 위하여 치료에 필요한 처방문을 모아 한글로 쓴 『간이벽온방』도 펴냈다. 경북 상주시 청리면 「존애원」은 임진왜란 중에 세운 조선 최초의 사설 병원으로 상주 지역의 13개 문중이 돈을 모아 백성의 질병을 돌봤다. 전남 고흥의 소록도는 일제강점기 강압적인 사회구제 정책의 뼈아픈 역사 현장으로 한센병 환우들이 모여 살고 있다. 이곳의 「소록도 자혜의원」은 73명의 환자를 받아 1917년 예배당과 함께 문을 열었는데 미카엘 천사가 한센병을 치유하는 모습을 형상화한 구라탑(救癩塔)에는 '한센병은 낫는다'라는 글을 새겼다.

〈소록도 자혜의원〉

〈소록도 식량창고〉

〈고흥 소록도 구라탑〉

조선의 관측기구

궁궐에는 바람의 세기를 측정하던 풍기대, 시각을 살피는 해시계, 비가 내린 양을 재는 측우대와 별자리의 움직임을 살피던 관천대가 있다.

풍기대, 해시계, 측우대, 관천대

경복궁 경회루 연못 남쪽에 깃발을 달아 바람의 방향과 세기를 재던 풍기대는 깃발을 꽂는 돌기둥이다. 높이 2.2m 팔각 돌기둥 위에 구멍을 뚫었고 빗물이 괴는 것을 막기 위해 기둥 동쪽으로 물 빠짐 길을 냈다. 경희궁 서화문에서 옮긴 것으로 호랑이 다리를 닮은 호족 반상을 받침돌에 새겼는데 호랑이 다리가 두툼한 어깨에서 곡선으로 내려오다 밖으로 벌어지고 버선코처럼 살짝 치켜올린 모습이다. 다리 사이에 영지버섯을 층으로 새겨 오래 살기를 기원하고 팔각기둥은 두툼한 줄기와 날씬한 넝쿨을 번갈아 가며 넣었다.

창경궁 영춘헌 북쪽 가파른 계단 위에 돌함지와 해시계 받침대가 여럿 있고 그 끝에 놓인 풍기대는 팔각기둥에 넝쿨을 새겼다. 두 동강이 난 것을 붙인 상태로 아래위의 돌 색깔이 다른데 창덕궁의 대조전 동쪽 언덕 통제문 안에 있던 것을 일제강점기에 이곳으로 옮겼다. 통제문은 후원으로 들어가는 길목 서쪽에 있는 문으로 『동궐도』에서 휘날리는 풍기 모습을 볼 수 있다.

〈경복궁 풍기대〉

해시계 받침대는 호족반 위에 마름꽃과 구슬 기둥의 잘록한 허리를 두고 나무에 앉은 새 두 마리를 새긴 중간 받침돌, 빗면에 연꽃을 새긴 더 큰 머릿돌을 기둥처럼 깎았다. 창덕궁 대조전의 해시계 받침돌과 매우 비슷하고 창경궁의 다른 해시계 받침도 무늬가 비슷한 작품이다.

〈창경궁 풍기대와 해시계〉

창덕궁 연경당 장락문 앞에 무릎보다 큰 팔각기둥 윗부분에 둥근 홈을 파서 측우기를 올릴 수 있도록 한 연경당 측우대가 있다. 보통의 측우대는 낮은 사각기둥 형식이나 연경당 측우대는 팔각기둥이 특징으로 농업은 산업의 근본이었기에 생산량을 예상하는 것은 아주 중요한 일이었다.

〈창덕궁 연경당 측우대〉

 창경궁 문정전 남쪽에 돌을 쌓아 올린 관천대는 창경궁 석조문화재 정밀 실측 조사보고서에 의하면 중종 때 금루각을 지으며 쌓은 것으로 별자리 움직임을 살펴 물시계인 자격루의 시각을 수정하였다. 관천대는 일제강점기에 홍화문 북쪽으로 옮겼으나 다시 제자리를 찾았다. 돌을 다섯 벌 쌓고 난간을 두었으며 북쪽으로 디딤돌을 놓아 오르내릴 수 있게 하였다. 윗면에는 장구처럼 다듬은 사각형 돌을 놓고 가운데 큰 홈과 귀퉁이에 홈을 파서 별자리를 살피는 기구를 올렸다.

〈창경궁 관천대〉

내 고장 문화유산

〈서울 관상감 관천대〉

〈여주 보통리 해시계〉

경복궁 사정전과 창덕궁 대조전, 부용지의 영화당에도 해시계가 있다. 환구단 해시계는 올려놓은 것이 아니고 움푹 들어간 매립형으로 매우 특이하다. 경기도 여주시 대신면 '여주 보통리 고택' 뜨락에 해시계가 있고 '관상감 관천대'는 종로구 현대 건설 본사 앞에 있다. 영조 때 『성변측후단자』에는 1759년 핼리혜성의 이동 경로와 위치, 밝기, 색깔, 형태, 꼬리 길이 등을 자세히 기록하였고 그림까지 곁들였는데 이는 조선의 천문과학 수준이 상당히 높았음을 알 수 있다.

〈서울 환구단 해시계〉

빗물을 일정한 크기의 그릇에 받아 비가 내린 양을 재는 측우기로 국립 기상박물관에 '공주 충청감영 측우기'가 있다. 홍수 때 청계천의 물이 늘어난 양을 살피기 위해 돌기둥에 눈금을 새긴 '청계천 수표'는 동대문구 세종대왕기념관 앞에서 만날 수 있고 '청계천 수표교'는 장충공원에 있다. 용산구 청암동 한강가에 홍수 때 물 높낮이를 살피던 색 바랜 콘크리트의 옛 용산 수위관측소가 강변북로 사이에 끼여 등대처럼 서 있다.

〈서울 용산 옛 수위관측소〉

〈서울 청계천 수표〉

〈서울 청계천 수표교〉

왕세자의 집

경복궁 동궁

〈동궁 계조당〉

왕세자의 집은 궁궐의 동쪽에 있기에 동궁, 또는 동쪽의 봄기운을 뜻하기에 춘방이라고 하였는데 경복궁의 계조당은 2024년에 다시 지었다. 계조당은 왕세자가 관리들과 나랏일을 의논하던 사정전 구실을 하였으며 임금의 뜻을 이어 백성을 위한 정치를 한다는 의미이다. 계조당은 경복궁을 다시 지을 때 효종이 살았던 종로구 효제동의 어의궁을 옮긴 것으로 지금은 그곳에 안내판만 세워 집터임을 알린다.

〈동궁 자선당〉

〈동궁 비현각〉

　세자 공부방 비현각과 안채인 자선당은 동쪽 이극문과 서쪽 삼비문이 마주하는 길쭉한 마당을 같이 쓰며 남쪽으로 행랑을 겹으로 두었다. 비현각의 이극문은 두 번째 권력자라는 뜻으로 세자 집임을 알리고 그 옆이 어진 이를 구하는 구현문이다. 임금님 가르침을 명심하여 좋은 정치를 펼친다는 이모문, 어질고 너그러운 품성을 품은 덕성문은 뒷문으로 소주방과 마주하고 있다.

비현각은 어질고 너그러움을 밝힌다는 뜻으로 일제강점기에 팔려나가 장충동의 별장으로 쓰였다. 자선당의 남쪽 겹 행랑 중광문과 진화문은 임금님의 업적을 이어 백성을 평안하게 하고, 쉼 없이 노력하여 훌륭한 임금님이 되라는 뜻이다. 아름답고 착한 행동을 갖추라는 길위문 앞에 화장실을 두었고 덕을 쌓는 육덕문은 뒷문으로 소주방과 가까이 있다. 사방을 둘러싼 행랑은 세자와 세자빈의 시중을 드는 궁중 식구들이 머물던 곳으로 방과 마루, 부엌 등으로 쓰임에 따라 나뉘며 자선당은 어질고 착한 마음을 기른다는 뜻이다.

한 칸짜리 문지기 방이 딸린 삼비문은 세자가 세 가지를 잘 준비하라는 뜻이다. 하나는 신하로서 임금님께 충성을 다하고, 둘은 아들로서 아버지에게 효도를 다할 것이며, 셋은 어린 사람으로서 어른인 임금님을 잘 공경하라는 뜻을 담고 있다. 따라서 한 가지 일을 행하여 세 가지 훌륭한 일을 모두 얻을 수 있는 사람은 오직 세자뿐이다.

숭덕문은 어진 이를 높이 받들라는 뜻이고 사정전과 자경전 영역으로 이어지는 미성문은 아름다움이 이루어짐을 뜻한다. 옛글에 아름다움이 만들어지는 것은 오랜 시간이 걸리고 잘못된 버릇은 고치기 힘들다고 하여 세자의 꾸준한 노력을 강조하였다.

창덕궁 성정각

정조 임금은 문효세자가 태어나자, 지금의 창덕궁 후원 매표소 옆에 중희당을 짓고 동쪽으로 승화루와 통하고 서쪽으로 성정각과 이어지는 동궁을 마련하였다. 순조 때 효명세자가 임금님을 대신하여 관리들을 만나던 작은 선정전 구실을 하였다. 어진 선비를 맞이하는 영현문, 새로운 기운을 얻어 만물이 살아나는 자시문, 봄을 기다리는 망춘문이 있고 '집희'의 남쪽에 있는 동인문 아래로 희정당과 이어진다.

〈창덕궁 성정각〉

앞에 널빤지로 만든 가림판을 앞에 놓아 밖에서 보는 것을 막은 성정각은 모든 정성과 올바른 마음가짐으로 공부하라는 뜻이며 쪽마루 난간에 조롱박 기둥을 올렸다.

누각은 봄 내음을 알리는 보춘정, 비가 내려 기쁘다는 희우루 현판을 걸었다. 가뭄 끝에 단비라는 옛 어른들의 말을 생각하면 농사짓는 데 비가 얼마나 반갑고 고마운지 넉넉히 짐작할 수 있다.

성정각 뒤에 '집희' 현판을 건 집을 관물헌이라 하는데 정자살창 아래 머름은 바람이 드는 것을 막거나 밖에서 방 안에 누워 있는 사람을 들여다볼 수 없게 시선을 차단하는 기능이 있다. 이곳은 창덕궁에서 가장 높은 곳이기에 갑신정변 때 고종이 몸을 피했고 계속해서 밝게 빛난다는 뜻의 '집희'는 고종이 직접 썼기에 어필이라는 작은 글씨가 있다.

〈성정각 희우루〉

창덕궁 후원으로 들기 위해 기다리는 곳의 잔디밭 너머에는 화려한 난간의 칠분서와 삼삼와, 승화루란 집이 줄을 섰다. 칠분서는 좋은 학교인 승화루 도서관과 통한다는 의미가 아닐까? 칠분은 70%를 의미하고 '서(序)' 글자는 학교의 뜻도 품고 있기 때문이다. 삼삼와 정자는 모서리 세 개가 두 번 모여 육각을 의미하고 움집이라는 뜻의 '와(窩)' 글자를 썼다.

〈성정각 승화루〉

승화루는 다양하고 많은 책과 글, 그림을 모은 도서관으로 빼어나고 훌륭한 분을 받든다는 뜻이다. 삼삼와 쪽마루는 넝쿨의 여백을 도려낸 머름에 아자살난간을 올렸고 승화루는 수레바퀴 모양을 가운데 두고 X자 빗살을 끼운 보기 힘든 난간을 놓았다. 이곳은 3월 말이면 홍매화와 백매화, 진달래, 산수유 등이 제각각 뽐내는 모습이 으뜸이다.

〈성정각 행랑 — 조화어약〉

〈창덕궁 성정각 행랑〉

희우루 앞 행랑채에 '보호성궁', '조화어약' 편액을 걸고 마당에는 돌절구가 여럿 놓였다. 이는 성정각이 어느 때 내의원과 약재 창고 구실을 한 것이다. "임금님의 몸을 보호하고 정성을 다해 약을 짓는다."라는 뜻이고 조화어약 글자를 자세히 보면 '어' 자를 다른 자보다 약간 높은 위치에 썼는데 이는 임금님을 상징하기 때문이다.

덕수궁 양이재

〈덕수궁 양이재〉

〈대한성공회 서울주교좌성당〉

대한성공회 서울주교좌성당 본당을 뒤로 돌아들면 대한제국 때 황족과 귀족의 자제들이 공부하던 '양이재'가 있다. 기쁨을 기른다는 뜻으로 대청과 온돌, 누마루를 두고 지붕에 용머리를 올린 집은 처음에 대한성공회가 빌려 쓰다가 1920년에 집을 사서 옮겼다. 궁궐을 벗어난 양이재는 관심 있는 사람만 찾아와 지난날의 역사를 추억하곤 한다.

> 내 고장 문화유산

　성정각의 가림판처럼 전남 구례 '운조루 고택'에도 담장과 안채 사이에 낮은 담을 둘러 드나듦을 가렸다. 창덕궁 선정전 앞에 백매화와 홍매화 두 그루가 있었는데 임진왜란 때 왜군 장수가 욕심이 나서 캐어다 일본 센다이의 즈이간지에 심었다. 매화는 낯선 땅에서 400여 년 동안 아름다운 꽃을 피우며 어느덧 절집의 명물이 됐다. 1999년에 즈이간지 스님이 백매와 홍매의 자목을 우리나라에 기증하니, 이를 서울 남산의 안중근 의사 기념관 앞으로 옮겨 보살피고 있다.

〈구례 운조루 고택 가림담〉

〈서울 안중근기념관 와룡매〉

〈장성 백양사 고불매〉

　전남 장성군 백양사는 용트림하는 홍매화가 힘찬 기운을 자랑하니 으뜸이다. 사람들이 강원도 강릉시 오죽헌 홍매화가 엄청나다고 하나 지금은 그 많은 가지 다 잘리고 기둥만 남아 허덕허덕 삶을 연장하는 안타까운 한 장의 그림일 뿐이다. 율곡 이이를 모시는 강릉시 오죽헌의 「어제각」과 안동시 풍산읍 일성당 고택의 「어필영정각」 역시 '어' 글자를 높이 올려 썼다. 정조 임금이 율곡 선생이 쓴 『격몽요결』과 벼루를 창덕궁으로 가져오게 하여 벼루 뒷면에 글을 새기고, 머리글을 써주니 오죽헌에서는 집을 짓고 임금님 글을 보관한다는 어제각 현판을 걸었다.

〈강릉 오죽헌 어제각 현판〉

내 고장 문화유산

전북 남원시에 관리의 자제들이 공부하던「관서당 남성재」가 있는데 관아에서 운영하는 서당으로 성 남쪽에 있다는 뜻이다. 충북 영동에는 마을 사람들이 정성을 모아 건물을 짓고 학생을 가르치던「고당리 서당」이 있다. 전남 영암에 해주 오씨, 제주 양씨, 순천 김씨 세 문중이 힘을 모아 자손들의 교육을 위해 지은 제법 규모를 갖춘「영암 집영재」가 있다.

〈남원 관서당 남성재〉

〈영동 고당리 서당〉

〈영암 집영재〉

구미 금오서원에는 숙종 임금이 야은 길재 선생을 기려 글을 내렸다. 편액에 '성주(聖主)' 글자를 다른 글에 비해 한 글자 올려 썼는데 태종 임금을 뜻함이고, 학교에 학칙이 있듯이 일곱 개의 원규를 편액에 새겼다.

"떼 지어 무례한 짓 말고, 술과 고기는 삼가며 서원 주변을 깨끗이 한다. 서원의 책이나 물건을 아끼고, 노래하며 춤추지 않는다. 늘 옷을 단정하게 입고 조용히 이야기한다. 이 일곱 개의 서원 규칙을 어긴 사람이 이미 왔으면 되돌아가고, 아직 오지 않았다면 아예 오지 말라."라고 하여 금오서원의 학풍을 명확히 밝히고 있다.

〈구미 금오서원 숙묘어제어필〉

궁궐의 부엌

'불사를 소(燒)', 불을 사용하여 음식을 조리하는 주방은 외소주방, 내소주방, 생물방으로 나뉜다. 외소주방은 생일 잔칫상과 설날 떡국, 단옷날 수리취떡, 추석 송편, 동짓날 팥죽 등의 명절 음식을 준비하였다. 대청에는 난초와 영지버섯을 뜻하는 '난지당' 현판을 걸었다.

경복궁 소주방

내소주방은 아침, 점심, 저녁 등 일상의 음식을 만드는 곳으로 임금님의 요리사가 있다. 큰상과 작은 둥근 상, 전골을 올린 상에 차린 음식을 궁녀들이 수라간으로 날랐다. 임금님은 전국 특산물로 만든 음식을 드시며 나라의 형편을 살폈고 음식의 양이 너무 많아 얼마 먹지는 못했다.

수라간은 임금님과 부인에게 올리는 밥을 짓고 내소주방에서 만든 반찬을 다시 데워 올리며 설거지하는 부엌 구실을 했다. 수라간으로 밥상을 물리면 남은 반찬에 밥만 떠서 관리들과 궁중 식구들이 같이 먹었다. 생물방은 과일이나 찬 음료에 과일을 넣은 화채, 식혜, 떡, 죽 등을 만들어 올렸고 대청에는 복회당 현판을 걸었다. 궁궐 안에서 생활하는 궁녀들은 임금님과 부인의 시중을 들며 특히 의식주를 담당하는 각각의 특징에 따라 여러 부서로 나뉜다. 궁녀 중에서 지밀상궁은 강녕전이나 교태전의 작은 방에서 밤을 새워 임금님과 부인의 안전을 지키고 궁중의 살림을 맡아 각종 행사와 수라간을 관리하였다.

〈경복궁 생물방 복희당〉

 궁중의 안살림을 여섯 분야로 나누는데 이를 '육소처'라고 한다. 침방은 바느질로 옷을 짓고, 수방은 옷이나 베게 등에 수를 놓으며 소주방은 잔치나 제사 음식, 반찬 등을 조리했다. 세답방은 빨래와 다듬이질, 염색 등을 맡았고 세수간은 세숫물과 목욕물을 관리하고 대청과 온돌방을 청소했다. 복이처와 등촉방은 아궁이에 불을 넣고 방에 불을 밝히며 이동 변기통인 매화틀을 비웠다.

〈경복궁 태원전 세답방〉

경복궁 항아리

함화당 서쪽 물길 건너 예성문을 들면 앞에 예쁜 항아리가 있고 양쪽으로 특수한 항아리, 각 지방의 특징을 지닌 항아리를 모았다. 우리나라는 각 지방에 따라 햇빛 받는 양이 다름으로 이에 맞춰 모양을 다르게 하였기에 경기지방은 몸통이 날씬하고 입이 비교적 넓다. 영남지방은 몸통이 둥글고 풍만하며 입과 바닥의 지름이 비슷하고 호남지방은 햇빛을 많이 받도록 어깨 부분이 넓고 아래가 홀쭉한 모양이다. 장고는 집경당 동쪽에도 있었고 창덕궁에는 대조전 서쪽, 창경궁은 통명전 서쪽에 있었다.

〈경복궁 장고〉

〈경복궁 장고 — 왼쪽〉

내 고장 문화유산

궁궐에서는 임금님과 가족 외에 누구도 죽음을 맞이할 수 없다. 그래서 큰 병이 든 궁녀나 내시들은 궁궐 밖에 나가 삶을 마감했고, 대부분 노원구 월계동 초안산에 묻혀 '초안산 분묘군'이라 한다. 숙종 때 내시부 정6품 상세(尙洗) 승극철은 임금님 주방에 필요한 그릇을 관리하거나 동궁의 주방을 담당했다. 경북 청도군에 고종 때 환관으로 정2품 상선 벼슬에 오른 김병익의 '운림고택'이 있다. 400여 년을 이어온 내시 문중의 종택은 큰 사랑채에서 안채의 드나듦을 잘 볼 수 있어 여성의 공간을 제한하려는 집주인 생각을 잘 담아낸 집이다.

〈서울 초안산 분묘군 — 승극철 부부묘〉

〈청도 운림고택〉

임금님 어머니 집

임금님 어머니의 집은 경복궁에 자경전과 흥복전이 있고 창경궁에는 경춘전이 있다. 철종이 돌아가시자 신정왕후는 왕실의 최고 어른으로 흥선대원군의 둘째를 양자로 맞아 임금님 자리에 올랐다. 따라서 고종이 신정왕후 양아들이 되니 헌종은 형님이 된다.

경복궁 자경전

만세문은 자경전의 큰 문으로 오랫동안 건강하게 사시라는 뜻인데 행랑 서쪽에 치우쳐 두 칸 문을 냈는데 이상한 점이 있다. 조선은 임금님의 나라로 만세를 쓰지 못하고 천세를 썼는데 아마 청나라 사신들의 눈에 띄지 않는 깊숙한 곳이라 가능하지 않았나 생각된다.

자경전은 대청과 온돌을 갖추고 청연루와 서쪽에 누마루를 두었다. 지붕의 합각에 사각 테를 두르고 '아(亞)' 무늬를 팔각으로 돌리고 사방으로 뻗은 연꽃무늬 태평화를 넣어 평안하길 바랐다. 이런 꽃장식은 창덕궁 연경당 선향재에서 만날 수 있는데 그 섬세한 표현이 대단하다. 자경전은 임금님의 어머니 신정왕후가 복을 누리시길 기원하고 청연루는 맑고 한가한 곳이란 뜻이다.

〈경복궁 자경전 합각 태평화〉

 행랑에 현판을 걸지는 않았지만 동쪽 천춘문은 오래오래 봄처럼 만물이 생동한다는 의미이고, 함의당은 여러 가지 뜻이 담겼다는 것이다. 남쪽에 빛처럼 복을 나눈다는 광복당, 예절의 으뜸인 경례당, 좋은 일을 받드는 봉서당, 평안함이 이어진다는 소안당이 있다. 서쪽의 복광당은 빛처럼 복을 나누고, 함규문은 별자리를 머금고 있으며 연수문은 오래오래 즐겁게 산다는 뜻이다.

〈자경전 서십자각 해치〉

자경전 앞 돌기둥에 앉은 짐승은 툭 튀어나온 이마에 부메랑 닮은 귀 뒤로 갈기를 넘기고 날카로운 송곳니를 드러낸다. 온몸을 비늘로 감싸고 방울을 목에 걸었으며 등줄기 따라 털을 가지런히 빗고 서너 갈래 꼬리털을 뒷다리에 붙였다. 해치상은 처음 광화문 서십자각의 계단 앞에 놓였는데 일제강점기 전찻길을 놓으며 옮긴 것이다. 자경전 동쪽 밖 담장에 한옥의 지붕 모양을 따른 벽돌문도 영추문 문루에서 옮긴 것이다. 동쪽의 날개채 협경당은 좋은 일을 같이 누린다는 뜻으로 낮은 지붕에 담장을 둘러 문을 내고 청연루 돌기둥에 문을 달아 드나듦을 막았다.

〈자경전 북쪽 — 성〉　〈자경전 북쪽 — 인〉　〈자경전 북쪽 — 연〉　〈자경전 북쪽 — 면〉

협경당의 뒤를 돌아들면 너른 마당에 화려한 무늬와 글자를 넣은 꽃담과 솟을 문을 만난다. 꽃담에는 '성인연면' 글자를 넣었는데 어질고 뛰어난 사람이 비단처럼 끊임없이 이어지길 바라는 뜻이다. 이어진 담장에 여러 동식물 그림을 맞추고 담장 머리에 집 모양 토기를 여럿 올린 유명한 '자경전 십장생 굴뚝'이 반겨준다.

담장에 붙여 올린 굴뚝은 다양한 무늬 벽돌로 십장생 그림을 완성하고 바탕은 하얀 회를 발라 마감했다. 오래오래 살기를 바라는 마음으로 가운데 붉은 해와 날아오는 학 두 마리, 뭉게구름을 나타냈다. 서쪽으로 움직이는 한 쌍의 학과 사슴 한 마리, 동쪽으로 가는 거북 한 쌍과 영지를 물고 있는 사슴 한 쌍, 사이사이에 불로초를 두고 그 아래 냇물과 바위를 표현했다.

서쪽 끝에 소나무와 국화를 두고 동쪽에는 연꽃과 연잎으로 또 다른 이야기를 하고 있다. 연못에 노니는 원앙 한 쌍과 연꽃, 연 줄기에 앉은 물총새 한 쌍, 하늘을 나는 새 한 쌍과 군침이 도는 포도 세 송이가 그것이다. 포도와 물총새는 자식 많기를 바라는 것이고, 대나무와 원앙은 믿음을 지키는 굳센 의지를 뜻한다. 굴뚝에는 십장생을 중심으로 자식 많음과 여성의 절개를 뜻하는 그림을 그렸다.

〈경복궁 자경전 십장생 굴뚝〉

　십장생 아래 액자를 만들고 기다란 코에 엄니가 크고 날카롭게 자라 창처럼 솟은 불가사리를 끼웠는데, 엄니는 앞니가 자라 줄무늬가 있다. 그림 위에는 영지버섯을 물고 날아오는 한 쌍의 학과 도깨비 벽돌을 끼웠다. 도깨비와 불가사리가 나쁜 기운을 막고 오래 산다는 학이 불로초인 영지를 물고 오니 어찌 오래 살며 건강하지 않으리오.

　굴뚝 모퉁이에 넝쿨과 박쥐 벽돌을 끼워 자식과 복이 많기를 바랐고, 굴뚝 양쪽으로 문을 내서 자경전의 북쪽 행랑으로 오가며 일하는 사람의 편리를 도왔다. 자경전 기왓골이 층층이 내려앉으며 북쪽으로 뽑아낸 복안당이 길을 막으며 서쪽 담장에도 고귀함을 간직하고 오래 살기를 바라는 '천귀만수' 글자와 무늬를 넣었다. 바깥 담장은 대나무, 꽃과 나비, 구절초, 진달래, 모란꽃, 국화, 석류, 달이 걸린 매화를 차례로 넣었다. 글자를 읽어 보면 '낙강만년장춘'으로 건강하고 즐겁고 오래오래 봄 같은 기운 누리기를 기원했다.

〈자경전 서쪽 — 천〉　〈자경전 서쪽 — 귀〉　〈자경전 서쪽 — 만〉　〈자경전 서쪽 — 수〉

늘 푸름을 자랑하는 대나무, 『귀거래사』로 유명한 도연명이 사랑한 꽃 국화, 부귀의 상징인 모란, 많은 자녀를 의미하는 석류, 봄소식을 뜻하는 매화가 있다. 매화 가지에 교묘하게 걸린 보름달은 또 다른 세상을 꿈꾸게 하는데 이율곡의 누이 이매창이 그린 「매화도」 그림을 빼닮았다. 이곳의 자경전과 교태전 사이의 너른 빈터는 임금님이 관리들을 맞이하는 자미당이 있던 곳이다.

〈대나무와 숫대살꽃무늬〉

〈강 글자와 꽃과 나비〉

〈솟을완자무늬와 들국화〉

〈솟을완자무늬와 진달래〉

〈모란과 ― 만〉

〈아자돌림무늬와 국화〉

〈석류와 ― 장〉

〈숫대살꽃무늬와 매화〉

경복궁 흥복전

아미산을 앞에 둔 흥복전은 자경전이 불에 타자 신정왕후가 이곳에 머물다 돌아가셨고, 창덕궁에서 대조전을 다시 지을 때 집을 헐어 옮겼다. 복을 일으킨다는 흥복전은 누마루 이름을 만의루라 하고 뒤뜰에 담장을 두른 수라간과 홍안당, 상화문, 태지당, 광순문을 두었다. 서쪽은 구름다리로 이어진 선의문을 두고 큰문인 수다문과 적경문을 두었으며 동쪽에 유일문이 있다.

경복궁에서 유일하게 서쪽으로 대문을 낸 흥복전은 경회루 옆을 통해 수정전을 왕래하기에 안성맞춤인 곳이다. 발굴 과정에서 고려시대 기와와 벽돌이 나와 고려 때 관청이 있던 자리로 본다. 건너편 너른 잔디밭은 처음에는 군사들이 머물던 곳이었으나 큰 잔치가 열릴 때 필요한 식자재를 보관하거나 일하는 사람들이 머물기도 하여 숙설소라 이름하였다.

선의문을 나와 동쪽으로 흥복전의 지붕 합각을 보니 지네철 아래 벽돌을 쌓고 동그란 돌을 끼운 합각 무늬가 눈에 익었다. 국립민속박물관 경계 안에 홀로 서 있는 집이 제수합으로 예전에는 행랑을 두르고 남쪽에 함훈문, 서쪽에 후령문을 두어 만경전과 오갈 수 있었다. 제수합은 대청과 온돌을 두고 누마루까지 갖춰 오래오래 살기를 바랐다.

〈경복궁 흥복전〉

〈경복궁 제수합〉

창덕궁 석복헌과 수강재

석복헌은 낙선재 동쪽 담장의 좁은 문으로 들어가나 실제로는 남쪽 행랑에 큰 문이 있다. 낙선재와 수강재는 문을 들면 바로 사랑채나 안채가 보이나 석복헌은 중문간을 하나 더 들어가야 안채를 만날 수 있다. 석복헌의 동쪽으로 구름다리가 놓여 수강재와 오갈 수 있다. 살창을 끼운 중문간 모서리 기둥 위에 먹물 바랜 푯말이 「퇴선간」임을 알리고 담 아래에는 주인 잃은 돌절구가 있다. 대청과 온돌, 누마루를 갖춘 'ㅁ'자 모양 안채는 쪽마루의 완자살난간에 조롱박 기둥을 올렸다. 안채를 돌아드니 쪽마루의 아자살난간과 정교하게 맞물린 띠살창이 눈부신데 수강재로 드는 쪽문을 찾을 수 있다면 문 옆에 고결한 마음을 뜻하는 매화와 넝쿨을 볼 수 있다.

〈낙선재 석복헌〉

〈낙선재 수강재〉

석복헌은 끝없는 복을 내려 자손들을 보살핀다는 뜻으로 경빈 김씨를 위해 지은 집이다. 수강재는 서쪽에 수강문, 동쪽에 중춘문을 두고 순조의 부인 순원왕후가 살던 집으로 오복을 누리고 건강하게 장수하라는 뜻이다. 봄을 가득히 담은 중춘문을 나오면 오른쪽으로 이름 없는 집이 나온다. 하나는 낙선재 아랫집이고 다른 하나는 낙선재 책방으로 쓰였다.

창경궁 경춘전

경춘전은 능선을 등에 지고 동쪽으로 환경전을 앞에 두고 앉았으며 지붕에 잡상을 올리지 않았는데 만물이 생동하는 좋은 기운을 뜻한다. 뒤에 다랑이 꽃밭을 만들고 성종의 어머니 인수대비가 처음 살았으며 정조 어머니 혜경궁 홍씨가 자경전을 물려주고 이곳으로 내려와 한중록을 썼다.

통명전 뒤 언덕에 정조 임금이 어머니 혜경궁 홍씨를 위해 지은 자경전 터에 안내판만 있는데 「순조기축진찬도」에서 자경전 모습을 만날 수 있다. 이 작품은 효명세자가 아버지 순조의 40세 생신과 즉위 30년 주년을 기념하기 위해 자경전에서 벌인 잔치 장면을 담았다.

〈창경궁 경춘전〉

내 고장 문화유산

고려 초에 유금필 장군의 은혜를 입은 여진족이 "유금필 장군 만세!"를 외치는 바람에 태조 왕건은 그 죄를 물어 오늘날 백령도로 귀양을 보냈다. 유금필은 충남 부여군 임천 지역을 잘 다스리니 백성이 고마움을 잊지 못해 부여 성흥산성 안에 장군의 사당을 짓고 제사를 올리니 나라에서「태사유공지묘」라며 현판을 내렸다.

〈부여 태사유공지묘〉

전북 익산시 함라면의 '조해영 가옥'에도 대문채와 안채 사이에 십장생 담장이 있다. 포도, 연꽃, 오리, 대나무를 두고 붉은 해와 소나무, 국화로 마감한 것까지 닮았으며 귀퉁이에 도깨비와 불가사리를 넣었다.

〈익산 조해영 가옥 십장생 담장〉

조선에서는 꿈도 못 꾸었을 일인데 아마도 일제강점기에 집을 지어 가능했으리라. 함라마을 부잣집으로 주위에 돈을 쓸 줄 알아 베푸는 데도 이름을 날린 이 집의 마당에는 호남지방의 대동법 시행을 적극적으로 주장한 '김육 선생 비'가 있다.

〈포천 태봉 석물〉

〈부산 범어사 신정익황후 장엄수〉

신정왕후의 남편인 효명세자의 태실은 경기도 포천시 영중면 태봉에 있었다. 일제강점기에 훼손되고 지금은 성동리를 지나는 호국로 옆에 거북돌과 난간 등을 모아 두었다. 부산 금정구 범어사에는 남색과 붉은색 바탕의 금실과 명주실을 사용하여 수를 놓은 「봉청문조익황제선가」, 「봉청신정익황후선가」 장엄수가 있다. 범어사에서 나라의 평안함과 황실을 위해 제사를 올릴 때 대한제국 황실에서 내린 것으로 두 개가 한 쌍으로 황제와 황후 내외분을 함께 모신다는 의미다.

〈논산 돈암서원 — 지부해함〉

〈공주 계룡산 중악단 — 부〉

〈서울 운현궁 — 부강〉

안국역 옆 흥선대원군이 살던 「운현궁」 꽃담에도 '영세춘수부 강령만세락' 글자를 두어 늘 봄처럼 좋은 때에 부귀와 장수를 누리며 평안하고 즐겁게 보내길 바랐다. 충남 논산시 연산면의 「돈암서원」 담장에는 '지부해함

박문약례 서일화풍' 글자가 있다. "땅이 온갖 사물을 지고 바다가 물을 다 받는 것처럼 널리 학문을 닦아 예절을 지키라. 또한 만나는 사람마다 편하게 대하고 웃는 얼굴로 맞이하라."라는 의미다.

충남 공주시 계룡면 「공주 계룡산 중악단」에 '수복강녕'의 꽃담이 있다. 충북 괴산군 칠성면 「괴산 김항묵 고택」 사랑채 앞 담장에는 귀퉁이에 박쥐와 넝쿨을 넣고 '수(壽)' 글자를 팔각으로 형상화했고, 양쪽에 '부수(富壽)' 글자를 두었다. 오래 살고 부자 되길 바라는 뜻의 글자는 규모만 작을 뿐이지 낙선재 후원에 버금가는 모습이다. 전북 임실군 삼계면 「녹천재」 담장에서도 '용, 청, 아' 글자를 만나는 재미가 있다.

〈괴산 김항묵 고택〉

〈임실 녹천재 담장〉

장수군 산서면 「권희문 가옥」은 오방색 화방벽에 기와를 이용해 꽃 세 송이를 피웠고, 살창 사이에 완자살을 끼웠으며, 켜켜로 쌓아 올린 굴뚝은 질박한 맛을 풍긴다. 더욱이 산 높고 물 맑은 곳에 깃든다는 「의왕서」 사랑채를 병 든 사람들을 진료하는 의원으로 활용한 것이 매우 놀라울 따름이다.

〈장수 권희문 가옥〉

〈영월 김종길 가옥 — 해〉

강원도 영월군 주천면의 「영월 김종길 가옥」의 동쪽은 오방색 돌 두 줄을 받침으로 둥글게 다듬은 화강석을 끼워 햇살을 표현했다. 서쪽은 오방색 돌을 세 줄 놓고 그 위에 달을 새겼다. 이 집은 주민들의 지역 개발에 대한 욕구로 문화재 지정이 해제된 아픔을 간직하고 있다.

〈영월 김종길 가옥 — 달〉

충남 보령시 「편무성 가옥」 합각은 수, 복 등 글자를 넣었다. 전남 영광군 「매간당 고택」의 대문에 올린 특이한 한 칸 정자 형태에 태극과 '삼효(三孝)' 글자가 집의 정체성을 알린다. 생육신의 한 사람인 조려를 기리는 경남 함안군 군북면 「채미정」은 고사리무늬를 넣어 절개를 강조했고 세종시 「부강성당」은 '수부' 글자를 넣었다.

〈함안 채미정〉

〈서울 문묘 대성전〉

〈안동 농암종택 긍구당〉

〈서울 문묘 육일각〉

한옥은 현판의 끝 글자에 따라 '전당합각재헌루정'의 계급 질서를 따른다. '전'은 대성전, 대웅전, 근정전처럼 최고의 집이고 일상생활을 영위하는 집으로 '당, 합, 각, 재, 헌' 등이 있다. 조상의 유업을 길이 이어가라는 농암 이현보의 '긍구당', 부부의 관계를 바르게 한다는 건청궁의 '정시합', 활과 화살, 과녁 등을 보관하는 서울 문묘의 '육일각'이 있다. 예학의 일가를 이룬 김장생 선생의 '계룡 은농재', 강제로 한일병합조약을 체결한 대조전의 '흥복헌', 강가에서 건너편 산을 바라보는 '병산서원 만대루', 정묘호란 때 후금(청나라)과 전쟁을 멈추고 형제 관계의 조약을 맺은 곳으로 제비 꼬리를 뜻하는 강화군의 '연미정'이 있다.

〈계룡 사계고택 은농재〉   〈안동 병산서원 만대루〉

〈강화 월곶돈대 연미정〉

임금님 도서관

도서관으로 경복궁의 집옥재와 집경당, 창덕궁의 낙선재와 창경궁의 영춘헌을 들 수 있다. 집옥재는 팔우정과 협길당을 끼고 있고 집경당은 함화당과 구름다리로 이어져 있으며 낙선재는 상량정, 영춘헌은 집복헌과 함께한다.

경복궁 집옥재

〈집옥재 쌍룡 계단 해치〉　　　　　〈집옥재 쌍룡 판석〉

건청궁 서쪽 개천 건너 너른 마당에 월대를 갖춘 집옥재와 팔우정, 협길당이 옆으로 늘어섰다. 고종이 창덕궁 대조전 뒤 언덕 위에 있던 수정전의 별당채인 집옥재와 협길당을 이곳으로 옮기고 팔우정을 새로 지었는데 놀랍게도 쌍용 판석과 해치를 갖춘 월대가 있다. 계단 첫머리에 발을 곧추세

〈경복궁 집옥재〉

우고 얼굴을 마주 보는 해치 한 쌍을 두고 소맷돌에는 주먹코에 움푹 들어간 눈, 온몸을 크고 작은 동전 비늘로 덮은 사자가 있다. 사자는 귀를 덮은 꽃장식과 양쪽으로 가른 머리털이 섬세하고 꼬리를 끌어올려 엉덩이를 부채처럼 덮었다.

  가운데 임금님 계단 쌍룡 판석은 아래위에 마주하는 용 한 쌍을 새겼는데 발가락이 뚜렷하진 않지만 넷으로 보인다. 용 발가락은 황제는 일곱, 임금은 다섯을 표현하는데 덕수궁의 중화전이나 중화문, 원구단의 쌍룡 판석은 발가락이 다섯으로 대한제국 때 만든 것이다. 환구단에는 조선에서 가장 많은 발가락 여덟 개의 용 한 쌍을 천장에 올렸다. 월대 아래와 윗단의 빗면에 불꽃무늬와 연꽃무늬를 새겼는데 불꽃무늬는 오직 이곳에서만 볼 수 있다.

〈집옥재 용마루 용트림하는 용〉　　　　〈집옥재 사조룡 천장〉

　둥근 북처럼 다듬은 주춧돌에 기둥을 올리고 양쪽 끝에 벽돌로 쌓은 모서리가 한 걸음씩 앞으로 나와 있다. 용마루에는 꼬리를 하늘로 솟구치며 용트림하는 용을 청동으로 만들어 올려 취두를 대신했다. 세로 현판을 건 집옥재는 안으로 들면 화려한 모란무늬와 둥근 보름달 창문이 환상에 빠져들게 한다. 초룡 단청의 우물반자 가운데 세 곳을 팔각으로 움푹 파고 쌍룡과 봉황을 그려 장엄의 극치를 이룬다. 복숭아와 석류, 모란 등을 파낸 판자 채광창으로 드는 햇빛 또한 환상적이다. 집옥재는 옥같이 귀한 책들을 모아두는 도서관으로 청나라에서 발행한 서양 서적들을 포함하여 4천여 권을 모았다.

〈집옥재 용과 봉황 천장〉

〈집옥재 모란무늬〉

　팔우정은 팔각형의 받침돌 위에 팔각 돌기둥을 세운 2층의 정자로 난간과 처마 밑을 화려한 까치발로 치장했다. 추녀마루가 모이는 곳에 청동으로 만든 호리병 장식을 올렸고 2층을 오르는 계단과 복도가 묘한 풍경을 자아낸다. 집옥재보다 한 단 낮은 지붕의 협길당은 함께 복을 누린다는 뜻으로 쪽마루에 정자살문을 달고 지붕을 올려 실내 공간을 복도처럼 사용하며 지붕에 검파 취두를 올렸다. 팔우정은 사방팔방으로 뻗어나가는 가운데를 의미하며 상징적으로 2층 천장에 각 방향으로 팔괘를 놓았다.

경복궁 집경당

　집경당은 양쪽에 누마루를 두고 서쪽에 구름다리를 놓아 함화당을 오갈 수 있다. 임금의 도서관 구실을 하였으나 책과 글씨, 그림 등을 집옥재로 옮기며 관리들과 나랏일을 보며 외교관을 맞이하는 공간으로 바뀌었다. 봉양문은 햇살이 돋을 때 어진 새들이 찾아와 지저귄다. 향명문은 밝은 곳을 향한다는 뜻이다. 서쪽 백상문은 좋은 일이 많기를 바라며 뒤뜰의 응복문은 하늘이 내리는 오복을 받는다는 뜻이다.

〈경복궁 함화당〉

〈경복궁 집경당〉

백상문과 함화당 사이에 담을 치고 좁은 마당을 두었고 누마루 아래 아궁이 벽에는 얼음이 갈라질 때 모습인 얼음조각 무늬를 넣었다. 이는 얼음 기운이 불을 누르니 아궁이 불씨가 옮겨붙지 못한다는 상징적 의미를 담았는데 낙선재 누마루 아래에서도 볼 수 있다. 집경당은 공경함을 계속 이어간다는 뜻으로 뒤뜰은 영춘문을 사이에 두고 함화당과 함께한다. 동쪽에 'ㄱ'자로 꺾인 행랑이 있고 쪽마루에는 완자살난간을 두었다.

집경당보다 한 걸음 뒤로 물러선 함화당은 양쪽에 누마루를 두고 동쪽 복도로 집경당을 오갈 수 있다. 행랑채 바깥에 또 다른 행랑채를 바짝 붙인 겹 행랑집으로 서쪽에 진덕문을 두었다. 진덕문은 덕을 더욱 발전시키고 승광문은 어진 이의 행실을 잇는다는 뜻이다. 가운데 담장에 놓인 붉은 벽돌문인 계명문은 밝은 빛이 열리는, 뒤뜰의 영춘문은 봄을 맞이한다는 의미이다. 창무문은 무예가 출중하다는, 영지문은 복을 맞이한다는 뜻이다. 창무문 바깥에 놓인 '하지'는 연꽃이 피는 못이다.

모두가 화합한다는 함화당 누마루 문머리에 넝쿨무늬와 살대를 끼운 교태전에서 본 월문이 있다. 탄탄하고 균형 잡힌 팔각 호족반 위에 모란꽃 새긴 돌함지를 담 아래에서 만날 수 있다. 1894년 7월에 일본군이 조선군 수비대와 치열한 전투를 벌여 영추문을 뚫고 들어와 함화당을 포위하고 이곳에 머물던 고종을 협박하여 갑오개혁을 실시한다. 임진왜란 이후 또 왜군이 경복궁을 점령한 '갑오왜란'이다.

창덕궁 낙선재

　낙선재는 낮은 능선 아래 긴 행랑과 담장을 두르고 기왓골의 높낮이가 아름다운 선을 이루며 지붕 위로 솟구친 굴뚝이 인상적이다. 남향의 장락문은 양쪽에 장대석을 놓아 문기둥을 받치고 가운데 공간을 두어 바퀴 달린 가마 '초헌'이 쉽게 드나들고 마당에 노둣돌을 놓아 딛고 내릴 수 있게 하였다. 서쪽도 마당으로 드는 작은 문을 내고 밖으로 담장을 둘러 행랑의

〈창덕궁 낙선재〉

쓰임을 넓혔고, 누마루 아래 아궁이에서 화재 예방을 기원하는 얼음조각 무늬를 볼 수 있다.

지붕의 합각에 '부' 글자를 넣었고 통통한 지네철이 재미있는데 아마도 궁궐 중에서 합각 장식을 처음 했을 것으로 여겨진다. 누마루와 안방 사이의 달문에서 무어라 표현할 수 없는 신선함을 느끼고 대청과 온돌방을 가르는 두꺼운 창호지로 바른 문살에서 '와!'하는 감탄사가 절로 나온다. 뒤뜰에서도 띠살창을 활짝 열면 나오는 또 하나의 문, 이중창문인 완자살창은 어찌 아름다운 한 송이 꽃에 비기랴.

빛을 많이 들이기 위해 가운데 사각형 공간을 넓게 낸 창문은 아래위로 살대 둘을 넣고 동그라미와 좋은 일이 연속으로 이어지길 바라며 마름모 고리를 두었다. 가운데 살대 위아래 모서리에 붙인 용과 박쥐, 넝쿨무늬가 완자살창과 함께 어울림마당이라. 낙선재 완자살창은 우리나라 국가대표로 선발되어 청와대 접견실 창문을 아름답게 장식했다.

〈창덕궁 낙선재 보름달문〉

"창호지를 잘 바른 문 곳곳에 낚싯바늘로 콕콕 찍은 듯 생채기가 났네요?" 때마침 창문에 창호지를 바르는 분이 계셔 여쭈니 까치가 집을 짓기 위해 창호지를 쪼아 간 흔적이라고 한다. 농작물 피해와 정전 사고를 유발하는 까치는 궁궐에서도 천덕꾸러기 신세를 면치 못하는구나. 다랑이 꽃밭 앞에 묘하게 생긴 돌을 담은 돌함지 셋이 있는데 봉황을 새긴 봉래산, 소영주 글을 새긴 영주산, 모란을 새긴 함지는 방장산을 의미한다.

〈창덕궁 낙선재 완자살창〉

〈낙선재 영물 사자개〉

봉황 돌함지에는 방울을 목에 걸고 사자 갈기를 지닌 영물 사자개가 눈길을 끈다. '소영주'에 담긴 묘한 돌에 새긴 '운비옥립' 글은 구름처럼 날고 옥같이 흰 매라는 뜻이다. 자세히 살피니 검은 부리와 맑은 눈에 날개를 솟구쳐 오르려는 순간의 보라매를 많이도 닮았다. 돌연못 '금사연지'는 거문고 타고 역사책을 읽음을 표현하고 받침돌에 엽전 무늬를 놓았다. 다랑이 꽃밭 굴뚝에 '수, 만, 세' 글자를 넣었고 꽃담에 '회' 자 돌림무늬 가운데 엽전 무늬를 넣었는데 1023년 송나라에서 발행한 세계 최초의 종이돈 '교자'에서 두 줄로 늘어선 엽전 무늬를 볼 수 있다.

〈낙선재 담장〉

〈낙선재 대청과 툇마루 문살〉

다랑이 꽃밭 위에 있는 벽돌문은 꽃잎 문틀을 내고 양쪽에 초롱 벽돌을 끼워 넣은 궁궐에서 처음 보는 화려한 문이다. 남쪽과 서쪽 행랑의 정자살창에 은은한 햇빛이 안으로 들어 마름모꼴을 드러내며 동쪽 담장에는 매듭으로 귀를 메우고 가운데 거북등무늬를 넣었다. 즐거움을 오래오래 누린다는 장락문, 착함을 즐기면 하늘의 복을 받는다는 낙선재, 보소당은 송나라 소동파의 시와 글을 보배처럼 귀하게 여긴다는 뜻이다.

국립고궁박물관 전시물 가운데 오얏꽃 문양을 두고 아래에 낙선재 명칭 쓴 청화백자 큰 접시가 있어 요즘으로 말하면 맞춤형 그릇을 사용했음을 보여 준다. 낙선재 뒤 능선에 시원함이 으뜸인 정자가 상량정이요, 한가하고 조용한 곳이 한정당이며 취운정은 푸른 구름이 서린다는 뜻인데 지붕 합각에 박쥐와 여의두문을 넣었다.

창경궁 영춘헌

〈창경궁 영춘헌〉

『동궐도』에는 영춘헌 서쪽 벽과 나란히 널빤지로 울타리를 만들고 솟을대문을 냈으며 동쪽에 담을 두어 독립적인 너른 공간을 확보했다. 훗날 순조 때 불이 났고, 효명세자가 머물던 집을 옮겨 지었기에 모양이 많이 달라졌다. 'ㅁ'자 집 서쪽에 'ㄷ'자 모양의 집복헌을 붙인 영춘헌은 정조 임금이 책을 읽고 관리를 만났으며 이곳에서 돌아가셨다. 헌종과 고종도 책을 읽으며 집무실로 사용한 영춘헌은 만물이 생동하는 기운을 맞이하는, 한 걸음 뒤의 집복헌은 복을 모은다는 뜻이다.

〈창경궁 집복헌〉

내 고장 문화유산

　집옥재 팔우정과 유사한 전북 순창군 복흥면에는 중종 때, 왕세자의 선생님에서 물러난 하서 김인후 선생의 뜻을 기리고 훌륭한 인재를 기다리며 지은 「낙덕정」이 있다. 안에 방을 들이고 밖으로 팔각형 마루를 둔 낙덕정은 내림마루 끝에 방향 따라 팔괘를 넣었고 우리나라 초대 대법원장 김병로 선생이 공부하던 곳이다. 집옥재와 비교할 수 없지만, 전남 곡성군 죽곡면 「영류재」 대청에도 박쥐를 파낸 채광창에 드는 빛을 처음 만났을 때 환호성을 지르던 기억이 생생하다.

〈순창 낙덕정〉

〈곡성 영류재 사슴〉

명나라 '양신'이 쓴 『승암외집』에는 용의 아들 아홉이 있는데 서로 좋아하는 것에 빠져 하늘에 오르지 못하고 세상에 남은 이야기가 있다. 첫째 비희는 거북 모양으로 늘 비석을 받치고 있고, 둘째 이문은 바다에서 살아 불을 끄는 데 뛰어난 능력을 보여 지붕에 올렸다. 셋째 포뢰는 고래만 보면 고래고래 소리를 지른다. 그래서 절집 종 위에 올려놓고 고래 형상의 당목으로 종을 치는데 실제로 충남 예산 수덕사 종루의 종을 치는 당목이 고래를 닮았다. 넷째 폐안은 호랑이처럼 힘이 있어 문고리에 있다. 다섯째 도철은 먹고 마시는 것을 좋아해서 그릇의 손잡이로 만날 수 있다. 여섯째 공복은 물을 좋아해 다리에서 만날 수 있는데 교룡이라 불린다. 일곱째 애자는 피를 좋아하여 칼자루에 새겼다. 여덟째 산예는 향나무 연기를 좋아해 향로 위에 앉았으며 아홉째 초도는 몸 움츠리기를 좋아해 자물쇠 장식에서 만날 수 있다. 옛날부터 오늘에 이르기까지 신령한 용의 기운을 받기 위해 쓰임에 따라 형태를 달리하였다.

〈서울 삼전도비 비희〉

〈창덕궁 이문〉

〈예산 수덕사 고래 당목〉

〈천흥사 동종 포뢰〉

〈안산 경성당〉

　안산시 상록구 부곡동에 조선의 실학사상이 싹트고 뿌리 내린 「청문당」과 「경성당」이 있다. 선조 임금의 사위 집인 청문당은 너른 땅과 물고기 잡고 소금 굽는 바닷가 어염권으로 많은 재물을 쌓은 곳이다. 이를 통해 청나라에서 새로운 지식을 담은 수 만권 책을 사들여 도서관 구실을 하였다. 특히 강세황이 처가인 청문당에 머무니 김홍도, 이익, 유형원, 안정복, 박지원 등 학자들의 사랑방이 됐다. 책을 읽고 정치, 경제, 문화, 역사 등을 토론하며 새로운 생각이 움트니 이들을 실학자라고 한다.

　대구시 달성군 남평 문씨 「인수문고」는 조선 3대 만권당 중 하나로 손꼽힌다. 문영박 선생이 1910년대 중국에서 들여온 2만여 권의 책은 지식인들이 머물며 나라의 장래를 걱정하기엔 안성맞춤이었다.

〈대구 남평문씨 광거당〉

임금님 전원주택

궁궐 안에 또 다른 집으로 임금님의 사랑채와 부인의 안채가 복도로 이어졌다. 창덕궁의 연경당이 먼저고 경복궁의 건청궁이 뒤를 따른다. 연경당은 대문채와 중문간, 너른 사랑 마당과 안마당을 갖추고 있어 자연 속에 푹 빠진 느낌이다. 건청궁은 좁은 터에 집들이 다닥다닥 붙어 있고 빼어난 향원정을 앞에 두었다. 사랑채는 연경당은 동쪽이고 건청궁이 서쪽에 둔 것이 다르나 안채가 사랑채보다 한 걸음 뒤로 물러난 공통점을 지닌다.

경복궁 건청궁

사슴을 기르던 녹산 서쪽에 사랑채, 안채 등을 짓고 하늘이 맑다는 의미로 건청궁 현판을 걸었다. 사랑채와 안채는 연경당처럼 같은 대문을 쓰고 각각의 중문간을 두었다. 소맷돌에 태극 셋을 새긴 솟을대문 안에 사랑채로 들어가는 초양문은 아침 햇살을 의미하며 문 옆에 한 칸짜리 파수간을 두었다. 'ㅏ'자 모양의 장안당은 오래오래 평안하다는 뜻으로 지붕 합각에 '희' 글자를 넣어 늘 즐겁길 바랐다.

누마루의 현판 '추수부용루'는 가을 연못의 연꽃을 뜻하는데 누마루에서 내려 보는 향원정 연못의 아름다움을 표현한 것이리라. 누마루 북쪽에 온돌을 두고 바르게 가르친다는 뜻의 정화당 현판을 걸었는데 임금님이 주무시는 곳으로 다리를 뻗기조차 비좁다. 사랑채 동쪽의 복도를 안채와 통하게 하였고 정화당에서 안채 쪽으로 담을 둘러 뒤뜰을 두었다. 담 너머 너른 공간은 서양식 건물인 관문각이 있던 자리이다. 북쪽으로 경복궁 담장의 계무문과 북악산의 물이 들어오는 수문을 만난다.

 누마루 서쪽 필성문은 안팎으로 영지를 물고 오는 학과 도깨비 무늬 벽돌을 끼웠는데 신하들이 도와서 이룬다는 뜻이다. 관문각을 드나드는 관명문은 밝은 빛을 살핀다는 뜻이고 북쪽으로 임금님을 중심으로 별들이 모여든다는 취규문을 냈다.

〈건청궁 정문〉

〈건청궁 초양문〉

〈건청궁 장안당〉

안채로 드는 함광문은 빛을 머금고 밖으로 드러내지 않는다는 뜻이다. 함광문 동쪽 행랑은 미리미리 일을 할 수 있도록 물건을 보관하는 곳이라 튼튼한 문을 달은 채비실이 있다. 지붕이 한 단 낮은 서쪽은 중문간 마당과 사랑 마당에 담을 쌓고 꽃나무 몇 그루를 심어 벽을 가렸다. 살펴보면 사랑 마당에서는 들어갈 수 있도록 자물쇠를 채워 사랑채 영역임을 알 수 있는데 『북궐도형』에도 빈칸으로 남겨져 있어 그 쓰임이 매우 궁금하다. 안채인 곤녕합은 누마루에 옥호루와 사시향루 현판을 걸었는데 호리병 안의 얼음처럼 깨끗한 절개와 일 년 내내 끊이지 않는 꽃 내음을 뜻한다. 온돌방 정시합은 부부관계가 바르다는, 곤녕합은 중전마마가 편안하다는 뜻이다.

〈건청궁 곤녕합〉

안채의 동쪽 행랑은 옷을 보관하는 의대고, 청휘문은 맑은 달빛을 뜻하며 서쪽 뒤로 복도를 두어 장안당과 통한다. 행랑과 붙어 있는 생물방 담에 안채 굴뚝을 붙이고 꽃나무를 심었다. 녹색의 거문고라는 녹금당은 서쪽과 담장을 잇고 복수당과 마주하는 곳에 문을 두었다. 복을 받아 평안하다는 복수당은 궁녀들이 머물고 앞에 생물방을 마주하면서 뒤로는 담을 둘렀는데 동쪽 담장에 옥처럼 아름답다는 경화문을 열면 녹산과 이어진다.

산비탈에 가지런히 쌓인 돌무더기는 동궁의 자선당 장대석과 주춧돌이다. 자선당은 일본 도쿄로 팔려나가 관동대지진 때 불에 타고 주춧돌만 남은 것을 1995년에 들여왔으나 불 맞은 돌이라 강도가 약해 그대로 사용할 수는 없었다. 나라를 잃으면 사람이나 집이나 수모를 당하긴 매한가지다.

〈경복궁 자선당 석물〉

향기가 멀리 간다는 향원정이 북악산을 배경으로 잔잔한 물속에서 그 모습을 드러낸다. 향원정 남쪽에 놓였던 다리를 『북궐도형』에 따라 북쪽에 흰색 다리를 놓고 향기에 취한다는 취향교라 하였다. 향원정은 2층의 육각 정자로 화려하고 섬세한 아자살창을 달았다.

추녀마루 모임에 호리병 장식을 청동으로 만들어 올리고 난간 아래에 화려한 낙양각을 걸었다. 서북쪽 샘물이 솟는 우물에 '열상진원' 글자를 새겨 궁궐에서 한강으로 드는 물의 발원지임을 알린다. 샘물은 얕은 바닥돌에 잠시 머물다가 동쪽으로 꺾이고 남쪽 홈을 타고 흘러들어 물의 출렁임을 줄이고자 하였다.

〈경복궁 향원정〉

　1887년에 미국 에디슨 전기회사에서 발전기를 설치하여 전등불을 밝혔고 건청궁 동쪽에 기린이 노닌다는 인유문 현판을 걸었다. 1895년 10월 8일 일본인 무리가 건청궁을 침입하여 명성황후를 살해하고 시신을 불태운 사건을 '명성황후시해사건', 집옥재에 갇혀 목숨이 위태로운 임금님이 러시아 공사관으로 피신한 것을 '아관파천'이라고 한다.

〈경복궁 향원정 열상진원〉

창덕궁 연경당

〈연경당 명당수〉

세월이 켜켜로 내려앉은 두 그루 느티나무 아래 성처럼 늘어선 연경당 대문채 앞으로 냇물이 흐르고 다리가 놓였다. 물길을 따르니 대문채 아래로 냇물이 흘러나오고, 돌기둥까지 받친 것이 예삿일이 아니다. 행랑 모퉁

〈연경당 장락문〉

이를 돌아보니 골짜기에서 흐르는 냇물이 담장 밑으로 들어가 대문채 귀퉁이로 나오도록 의도하여 만들었다. 이것이 명당수로 찬 기운과 재물을 상징하며 구불구불 흐르는 물길을 으뜸으로 친다.

〈연경당 두꺼비〉

〈연경당 영물 사자개〉

느티나무 아래 묘하게 생긴 돌을 담은 돌함지에 모란꽃을 새기고 위에는 들고 나는 두꺼비를 새겨 달나라 궁궐을 상징했다. 동쪽 돌함지에 방울 목걸이를 축 늘어뜨리고 꼬리털을 엉덩이 위로 바짝 추켜 올린 영물 사자개를 새겼는데 애련정 서쪽 돌함지에도 있다.

〈연경당 안방과 사랑방〉

대문채에 솟은 장락문은 양쪽에 낮은 지붕의 문지기 온돌방과 청마루에 이어 지붕을 한 단 올린 행랑을 둬 신분을 구별하였고 늘 즐겁기를 바란다는 뜻이다. 대문채 동쪽은 판자벽을 치고 채광창을 내 마구간을 두었고 중문간 남쪽 행랑과 이어진 그 끝에 화장실 한 칸을 두었다. 칸막이도 없는 재래식 변기가 둘이라 그 모습을 상상하기 어렵다. 장준하가 쓴 『돌베개』에 보면 칸막이 없는 변소에서 조완구 선생과 마주 앉아 이야기 나누며 용변을 보는 장면이 나온다. 중문간에 솟은 장양문은 늘 닫혀 있다가 필요한 때만 문을 여니 문기둥과 행랑 사이로 사람이 드나드는 작은 문을 두었고, 햇볕이 들길 바라며 어짊을 닦는다는 뜻이다.

사랑 마당 서쪽에 담을 쌓고 안채가 뵈는 것을 막으려고 단풍과 느티나무를 심었다. 노둣돌이 놓인 사랑채는 양쪽 끝에 누각을 두고 대청 사이에 두꺼운 종이를 바른 문 가운데 팔각빗살창을 끼웠고 누마루 완자살창은 보는 이로 하여금 상상력을 자아내게 한다. 집 뒤로 한 칸 더 나온 온돌방은

〈연경당 사랑채〉

안쪽의 문을 통해 안채와 긴밀히 오갈 수 있다. 앞마당 누마루 앞에 쪽문은 사랑채로 다과상을 나르는 등 일하는 사람이 이용하는 문이다.

〈연경당 선향재〉

사랑 마당 건너편 '청수정사'는 맑은 물이 감돌아 흐르는 집이란 뜻으로 연경당에 걸맞은 이름이며 옆에는 이름 없는 돌연못이 놓였다. 좋은 일이 널리 퍼진다는 연경당 누마루 맞은편에 차양을 둔 선향재가 있다. 벽돌로 마감한 양쪽 벽에 아자 돌림무늬와 팔각형 띠 안에 연꽃을 형상화한 태평화를 장식했다.

〈연경당 선향재 태평화〉

선향재 남쪽에 밝고 아름다운 봄빛이라는 소양문을 두고 뒤쪽 꽃밭을 오르면 빼어난 분의 아름다운 업적을 잇는다는 소휴문이 나온다. 이곳을 지나 만나는 짙은 빛을 수놓는 의미의 농수정 정자는 한 뼘 높은 곳에 돌난간을 둘렀다. 사랑 마당을 가르는 담에 놓인 정추문은 한창 무르익은 가을을 뜻한다. 뒤쪽의 우신문은 거듭해서 돕는다는 뜻이며 북쪽 존덕정 영역으로 드는 태일문은 우주 만물의 근본이라는 의미를 담았다.

중문간 서쪽에 어짊을 닦는다는 수인문 안에 누마루를 갖춘 안채는 한 걸음 뒤로 물러 연경당 뒷선과 나란하게 앉았다. 안 마당에는 장구 모양 돌기둥에 팔각으로 다듬은 평평한 돌을 올려 불을 밝히는 '불우리'를 두었다. 서쪽 행랑에 곧고 바르다는 뜻의 태정문을 두어 바깥 화장실을 다닐 수 있도록 했다. 북쪽 담장에 낸 통벽문은 채소를 조리한다는 뜻으로 연경당 주방인 반빗간의 남문이다.

〈연경당 안채 불우리〉

〈연경당 반빗간〉

순조는 정조 임금이 애지중지하던 김조순의 딸을 부인으로 맞이했는데, 이것이 60년 '신 안동 김씨' 세도정치의 출발점이다. '신 안동 김씨'는 고려 왕건을 도운 공으로 정1품 태사 벼슬에 오른 김선평의 후손이다. 병자호란 때 청나라와 전쟁을 끝까지 고집한 예조판서 김상헌, 숙종 때 영조를 임금님에 올린 영의정 김창집의 충절이 좋은 인연으로 남은 것이다. 순조의 장인 김조순은 홍경래의 난이 평정되자 관리 임명권과 군사권, 언론까지 한

손에 틀어쥔다.

　아버지 대신 정치를 맡은 19살 효명세자는 외갓집 세력에서 벗어나고 임금의 권위를 되찾는 방편으로 할아버지 정조 임금을 따랐다. 화성행궁에서 혜경궁 홍씨의 회갑 잔치에 참석한 정승 판서들이 큰절을 올리고 충성을 다짐하는 의식을 떠 올렸다. 그래서 오늘날 연경당인 진장각 옛집을 수리하고 아버지 순조와 어머니를 위한 큰 잔치를 세 차례나 열었다. 효도를 앞세운 노래와 음악으로 신하들에게서 충성을 끌어내려 한 것이다. 그러나 불쌍한 조선 백성은 3년 뒤 효명세자를 잃었다. 그리고 헌종, 철종으로 이어가며 가문의 이익에 집착한 세도정치 때문에 밀물처럼 들어오는 서양 세력에 효과적으로 대처할 수 있는 적절한 시기를 놓치게 된다.

〈연경당 안채〉

내 고장 문화유산

　한강 발원지로 국립지리원에서 공인한 태백시「검룡소」는 이무기가 용이 되기 위해 머무는 물웅덩이라는 뜻으로 강원도 태백시 금대봉 기슭에 있다. 전해 오는 이야기로는 서해에 살던 이무기가 용이 되려고 강줄기를 거슬러 올라와 물이 솟는 굴속에 살았다고 한다. 검룡소는 1억 5천만 년 전 백악기에 형성된 석회암동굴 물구덩이로 하루 2천여 톤의 지하수가 솟아난다. 백악기는 조개류나 산호 등이 잘 자라던 시기로 엄청난 석회암층을 남겨 학문적으로 하얀 석회암이라는 뜻이다.

〈태백 검룡소〉

〈경주 옥산서원 무변루〉

경북 경주시 안강읍「경주 옥산서원」도 계곡물이 담장 밑으로 들어와 무변루 강당으로 흘러든다. 순천「송광사」앞으로 계곡물이 흐르며 삼청교 다리를 놓았다. 전남 영암군 학산면의「현종식 가옥」은 안채 뒤뜰에 도랑을 파고 망월천의 물을 끌어들여 생활에 필요한 허드렛물로 사용했다.

〈순천 송광사 삼청교〉

경기도 여주시 점동면「민진장묘역」신도비에서도 영물 사자개를 만날 수 있다. 숙종 때 우의정에 오른 민진장이 부모를 지극정성으로 모신 덕으로 효자 정문을 세웠기에 가능하였으리라.

〈여주 민진장 신도비 영물 사자개〉

〈청와대 상춘재 불우리〉

〈안동 도산서원 정료대〉

청와대 상춘재 앞에 단아하고 날씬한 불우리가 있고, 경북 안동시「안동 도산서원」의 정료대가 계단 옆에서 큰 키를 자랑한다. 절집에서는 석등이라 하는데 전남 구례군 마산면 「구례 화엄사」 각황전 앞 석등은 키가 6.4m로 가장 크고 아름다운 균형미를 자랑한다. 무덤 앞에 있는 석등을 장명등이라 하는데 파주시 탄현면의 「파주 공효공 박중손묘 장명등」이 매우 독특함을 보인다. 불 밝히는 창을 네모, 동그라미, 반달 모양으로 파서 땅과 해, 달을 상징했다.

〈구례 화엄사 각황전 앞 석등〉

〈파주 박중손묘 장명등 ― 서〉   〈파주 박중손묘 장명등 ― 동〉

양반집에서도 차양을 볼 수 있는데 러시아 공사가 선물하였다는 강원도 강릉시 「강릉 선교장」의 열화당이 있다. 전남 해남군 해남읍 「해남윤씨 녹

우당」의 차양은 창경궁 명정전과 비슷한 모습을 보인다.

　서산「김기현 가옥」은 사랑채 남쪽에 팔각 주춧돌 셋에 기둥을 세워 차양을 올렸고, 전남 화순 도곡면의「양참사댁」사랑채는 툇마루 앞에 기둥을 하나씩 더 세워 양철지붕을 올린 차양을 두었다.

〈화순 양참사댁 사랑채〉

〈서산 김기현 가옥〉

〈강릉 선교장 열화당〉

제사 모시는 집

종갓집은 대부분 동쪽에 사당을 갖추고 있는데 이런 모습은 고려 때는 볼 수 없었다. 유교를 국교로 정한 조선은 양반들에게 강제로 사당을 짓고 제사를 올리도록 했다. 『경국대전』 봉사 편에 6품 이상은 증조할아버지, 7품은 할아버지, 백성은 부모에게만 제사를 올리라고 하였다. 『세종실록』에 2품 이상은 1년, 6품 이상 3년, 9품 이상은 6년 안에 모두 집 안에 사당을 세우게 했다.

만약에 사당도 없고 신주도 만들지 않은 사람은 한양에서는 사헌부가 찾아내고 지방에서는 감사가 수시로 찾아내 풍속을 바르게 하라고 하였다. 궁궐도 이와 다르지 않기에 장례와 제사 지내는 집을 두고 궁궐 밖에는 종묘와 사직단, 선농단 등을 두어 제사를 올렸다. 임금님 아들을 둔 후궁 일곱 분을 모신 칠궁이 청와대 영빈관 옆에 있다.

경복궁 태원전

태원전은 큰문을 지나 중문간에서 길게 뻗은 복도를 두고 동쪽에 영사재와 중문간 밖에 공묵재를 두며 동쪽으로 '曰'자 형태의 빨래방이 있다. 태원전은 신정왕후가 돌아가시고 산릉으로 모실 때까지 관을 모시던 궁궐의 장례식장이었다.

건숙문은 엄숙함을 다진다는 뜻으로 세 칸 문을 내고 낮은 담을 둘렀다. 동쪽에 공묵재로 드는 좁은 문을 내고 서쪽의 큰 문은 세자빈 빨래방으로 들어가는 기원문이다. 하늘을 뜻하는 태원전까지 사각형 검은 벽돌을 깔고 복도를 두어 혼령이 눈비를 피해 드나들 수 있도록 하였다. 동쪽에 붙은 영사재는 오래 생각하며 가슴속에 새긴다는 뜻이며 앞에 담을 묘하게 쌓아 복을 다진다는 건길문을 내고 서쪽에도 작은 문을 냈다.

행랑채에 상서로운 기운을 느낀다는 대서문을 내고 중문간과 만나는 곳에 바른 마음가짐을 가진다는 유정당은 임금님 부인 빨래방과 복도로 이어져 있다. 가운데 경안문은 평안하다는 뜻으로 마당 동쪽에 문을 내 장례를 치를 동안 공묵재를 편히 오갈 수 있고 경사합은 공경하는 마음을 갖는다는 뜻이다. 서북쪽 언덕에 있는 엄숙하게 혼령의 말씀을 듣는다는 숙문당은 그 쓰임이 묘하다. 공묵재는 공손히 침묵한다는 뜻이고 동쪽에 사모하

〈경복궁 태원전〉

는 마음이 크다는 홍경문을 두고 남쪽에 건숙문 밖으로 나가는 문과 서쪽에 중문간 마당으로 드는 문을 냈다.

〈태원전 영사재〉

〈태원전 공묵재〉

요즘은 집안 어른이 돌아가시면 장례식장으로 모시고 친지들에게 알려 슬픔을 함께한다. 궁궐에서는 임금님이나 부인 또는 어머니가 돌아가시면 임시 관청을 설치하여 모든 의식과 절차를 『국조오례의』에 따랐기에 신정왕후를 태원전에 모시고 장례를 치렀다.

빈전도감은 시신을 수습하고 빈소를 차려 상여가 나갈 때까지 일을 맡았고 산릉도감은 좋은 자리를 찾아 산릉을 만들었다. 혼전도감은 산릉에 매장하고 신주에 글을 써서 궁궐로 돌아와 종묘로 옮길 때까지 일을 맡았다. 조선 왕실에는 뽕나무 신주와 밤나무 신주가 있는데 산릉에서 글을 쓴 뽕나무 신주는 돌아가신 지 일 년 동안 사용하고 그 후로는 혼전에서 글을 쓴 밤나무 신주를 모신다.

노나라 '공양고'가 쓴 『공양전』에 뽕나무로 신주를 만든다고 하였고 영조 때 권상하가 쓴 『한수재집』에 조상신이 떠돌아 의지할 데가 없기에 신주에 편히 모시는 것이라고 하였다. 밤나무 신주는 종묘에 가져가 모시고 1년 동안 사용한 뽕나무 신주는 함께 가져가 종묘 뒷담 아래 묻었다. 상재지향이란 말은 '뽕나무 상(桑)', '가래나무 재(梓)' 글자를 쓴다. 옛날에 누에를 치고 나무 그릇을 만들기 위해 뽕나무와 가래나무를 울타리처럼 심었기에 고향을 의미한다. 아마도 산릉에서 시신을 떠난 혼령이 옛집을 찾기 어려울 테니 고향을 상징하는 뽕나무 신주를 사용한 것은 아닐까?

왜 밤나무로 신주를 만들까? 밤은 싹을 틔울 때 겉껍질이 썩지 않고 뿌리에 붙어 자란다. 이를 보고 자신을 낳아 준 부모의 은혜를 잊지 않는 효도 나무라 하여 자손과 부귀를 상징한다. 신정왕후의 장례를 기록한 『신정왕후국장도감의궤』는 장례의 진행에 있어서 관청의 도움과 돈이 들고나옴, 관련된 사람들의 숫자와 제사에 사용한 그릇까지 글과 그림으로 기록하였다.

궁궐에서 상복은 얼마 동안 입어야 할까? 효종이 돌아가시자 효종의 새어머니 자의대비가 상복을 입는 것에 대한 다툼이 일었다. 『주자가례』에 어머니는 맏아들이 먼저 죽으면 3년, 작은 아들은 1년 동안 상복을 입었다. 『국조오례의』에는 맏아들과 맏며느리, 작은 아들과 작은 며느리를 구별하지 않고 모두 1년을 입었다. 남인의 대표 허목과 윤선도는 효종이 임금님이므로 3년을 주장하였고 서인의 대표 송시열은 둘째이므로 1년만 입는다고 싸우다가 『국조오례의』를 따랐다.

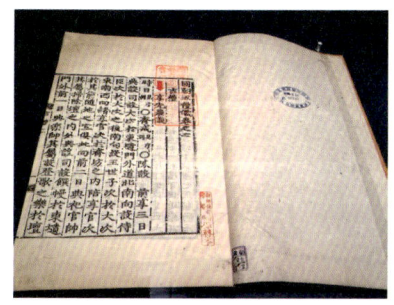 

〈국조오례의〉　　　　　　　　〈신정왕후 국장도감의궤〉

　15년이 지난 뒤 효종의 부인 인선왕후가 돌아가셨다. 시어머니 자의대비는 상복을 얼마나 입어야 할까?『경국대전』에서 맏며느리는 1년이요, 작은 며느리는 9개월이라 정하였는데, 이를 근거로 서인이 작은 며느리 예법을 따랐고 남인은 맏며느리 예법을 따르자 하였다.
　부모의 장례에 각각 다른 규정을 적용하자는 서인의 주장에 현종은 아버지 효종의 정통성을 문제 삼는다는 것을 깨닫고『국조오례의』를 따르며 송시열과 서인을 내쫓았다. 소현세자가 갑자기 죽음을 맞이했을 때 인조는 손자를 왕세손으로 세워야 했으나 어찌 된 일인지 둘째 아들 봉림대군을 임금님 자리에 오르게 한 것이다.
　조선 태조가 경복궁을 지을 때 태원전은 없었고 세종대왕 때 이곳에 별자리를 관측하기 위해 돌을 쌓아 올린 경주 첨성대보다 높은 간의대가 있었다. 그런데 연산군이 경복궁의 보루각을 창덕궁으로 옮기고 간의대를 헐었다. 임진왜란으로 허물어지고 경복궁을 다시 지으면서 근정전 뜨락의 품계석이나 석재로 흩어지고 낮은 언덕은 수많은 집에 엄청난 양의 황토를 대느라 땅이 평평해졌기에 태원전과 빨래방을 지었고 일제강점기에는 골프장으로 사용되기도 하였다.
　해가 하늘 가운데 있다는 뜻으로 부지런함을 강조하는 일중문을 들면 서쪽에 평안함을 지킨다는 보강문이 보인다. 너른 마당에 둥근 우물을 갖춘 임금님 부인 빨래방, 그 뒤에 네모진 우물이 있는 곳이 임금님 어머니 빨래방이다. 빨래방은 양쪽으로 두 개씩 네 개의 문이 있다. 서쪽 세자빈 빨래방의 기원문은 아름답게 빛난다는 뜻이고 인수문은 어진 덕을 갖추고 오래 산다는 뜻이다.

〈태원전 임금님 어머니 빨래방〉

〈태원전 세자빈 빨래방〉

〈태원전 임금님 부인 빨래방〉

마당 가운데 사각형 우물을 둔 세자빈 빨래방은 서쪽 행랑이 복원되지 못하고 주춧돌만 남았다. 효자로 길을 넓히면서 경복궁 담장이 안으로 밀린 것이다. 예전 동네 빨래터에는 물 긷고 빨랫방망이 두드리며 아낙들의 침 튀기는 소리로 왁자지껄하였기에 궁궐에서도 한적한 이곳에 두었다. 왕실의 어른이 돌아가시면 장례를 치르기 위한 각각의 사무실로 쓰이고 빨래방은 다른 곳으로 옮긴다.

육상궁

 후궁이 낳은 아들이 임금님이 되자 낳아 준 어머니를 위해 사당을 세웠는데 임금님 부인 이외에 또 다른 여자, 정실부인이 아니기에 종묘에 모실 수는 없었다. 육상궁은 영조를 낳은 숙빈 최씨를 모신 사당으로 고종 때 저경궁, 대빈궁, 연호궁, 선희궁, 경우궁을 이곳으로 옮겨 모셨는데 일제강점기에 덕안궁을 모시니 모두 일곱 분이 되어 칠궁이라 한다.

 칠궁은 남쪽에 대문채를 갖춘 재실을 두고 담장을 쌓아 사당 영역을 구분하였다. 너른 뜨락의 재실 동쪽은 육상궁이 홀로 담장을 둘렀고 서쪽에 대빈궁 등 사당 다섯을 두어 각각 다른 출입문을 사용한다. 칠궁이 되면서 한 지붕 아래 신주 둘을 모시는 집이 있고 서쪽 사당을 위해 바깥 대문을 세웠다.

 재실에 풍월헌과 송죽재 현판을 걸었고 삼락당은 지붕 합각에 '부희' 글

〈육상궁 연호궁〉

자를 넣었다. 풍월헌은 바람을 맞고 달을 즐기며 맑은 정신을 갖는다는 뜻이고 송죽재는 솔과 대나무의 변치 않는 절개를 의미한다. 삼락당은 "군자에게 세 가지 즐거움이 있으니, 첫째는 부모가 살아 계시고 형제가 평안함이요, 둘째는 하늘과 땅, 사람들에게 부끄럽지 않음이며, 셋째는 창의성이 뛰어난 학생을 만나 가르치는 것이다."라는 뜻을 담고 있다.

〈육상궁 송죽재〉

〈육상궁 앞문〉

〈육상궁 연호궁 진설〉

육상궁 담장은 둥근 돌 셋을 정교하게 빗겨 끼워 마름모꼴이 끝없이 이어지는 무늬를 보이는데 창덕궁 인정전 담장의 무늬와 같다. 솟을삼문 계단은 폭이 좁고 경사가 급해 발밑을 보고 조심스레 올라가야 하며 기둥에는 화려한 초록 넝쿨을 새긴 판자를 붙였다. 정사각형 검은 벽돌 길 셋을 놓고 중간에 가로로 복도를 세워 절 올리는 자리를 마련하고 양쪽에 신주를 옮겨 모시는 이안청을 두었다.

분명히 육상궁으로 왔는데 앞에 연호궁 현판만 보이니 무엇이 잘못되었을까? 가까이 다가가니 안쪽으로 육상묘 현판이 걸렸다. 육상궁은 영조의 어머니 숙빈최씨 사당이고, 연호궁은 영조의 아들 효장세자 어머니 정빈이씨 사당인데 시어머니와 며느리를 함께 모셨다.

전남 담양군 월산면 「용흥사」에 숙빈 최씨 전설이 전한다. 병에 걸린 한 가족이 절집에 왔다가 모두 죽었고 어린 소녀만 기적처럼 회복한다. 지극 정성으로 부모님을 위해 기도하던 중 산신령의 도움으로 나주 목사 일행을 만났고 이런 인연으로 인현왕후의 시녀가 되어 궁궐에 들어가 숙종의 사랑을 받아 영조를 낳을 수 있었다고 한다.

숙빈 최씨와 정빈 이씨 묘는 파주시 광탄면의 '소령원'과 '수길원'이고, 파주 「보광사」에서 기도를 올리며 제수와 물품을 공급하도록 하였다. 육상궁은 좋은 기운을 기르고 연호궁은 복을 끌어들인다는 뜻이다.

냉천정 위에 초가 정자를 짓고 동쪽에 샘이 솟으니 냉천이라 하여 영조의 시를 바위에 새기고 아래에 못을 만들어 자줏빛 자, 못 연, '자연'이라 글을 새겼다. 자줏빛은 임금님을 상징하는 색으로, 임금님 못으로 사당 안에 있기에 물고기를 기르거나 연꽃을 심지 않았다.

서쪽 솟을삼문 안쪽 덕안궁 앞에 이안청이 있고 왼쪽으로 돌아드니 저경궁, 대빈궁이 있으며 선희궁과 경우궁을 한 곳에 모셨다. 덕안궁은 영친왕으로 알려진 의민황태자의 어머니 순헌귀비 엄씨, 저경궁은 인조의 할머니 인빈 김씨, 대빈궁은 장희빈으로 경종의 어머니 옥산부대빈 장씨를 모셨다. 선희궁은 사도세자의 어머니 영빈이씨, 경우궁은 순조의 어머니 유비 박씨 사당으로 시할머니와 손자며느리를 함께 모셨다. 가운데 있는 대빈궁만 둥근 기둥을 사용하였고 경우궁이나 저경궁보다도 한 걸음 앞으로 나와서 한때는 임금님 부인이었음을 알린다.

〈육상궁 냉천정 자연〉

〈냉천정 암각자 — 자연〉

〈칠궁 — 부분〉

옥산부대빈 장씨와 영빈 이씨의 묘는 고양시 덕양구 서오릉의 대빈묘와 '수경원', 유비 박씨와 인빈 김씨의 묘는 남양주시 진접읍의 '휘경원'과 '순강원'이다. 순헌귀비 엄씨의 묘는 동대문구 청량리에 있는 '영휘원'이며 옥산부대빈 장씨는 평민으로 낮추었기에 묘라고 한다.

경우궁의 안내판에는 한자로 '편안할 수(綏)', '아내 빈(嬪)' 글자를 써서 수빈 박씨로 표기했다. 대한제국을 선포한 고종 황제가 태조를 포함한 6대조를 황제로 올리니 22대 임금 정종을 '정조선황제'로 높였다. 따라서 수빈(綏嬪) 박씨도 유비(綏妃) 박씨로 추존하며 편안할 '수(綏)'를 '깃발 늘어질 유(綏)' 자로 읽었다.

인조는 임금 부모의 사당과 무덤을 궁과 원으로 높여 부르고 영조는 나라에서 제사까지 지내도록 하였다. 이러한 노력으로 어머니 숙빈 최씨 사당은 숙빈묘에서 육상묘, '육상궁'으로, 무덤은 소령묘에서 '소령원'으로 높였고 임금인 아들이 당당히 제사를 올릴 수 있었다. 제사를 시작할 때 향을 피워 하늘의 혼을 모시고 검은 기장과 울금향으로 빚은 울창주를 부어 땅속의 넋을 모셔 온다. 정몽주의 단심가 "백골이 진토 되어 넋이라도 있고 없고…"에서 넋이 땅속에 있음을 알린다.

창덕궁 선원전

창덕궁에서 경복궁으로 옮겨갈 때까지 돌아가신 임금님의 초상화를 모시며 제사를 올렸던 선원전은 인정전 서쪽에 있고, 일제강점기 덕수궁에서 옮겨온 '신(新)선원전'은 비공개 영역이다. 선원전은 남쪽 행랑 밖에 영의사를 두고 동쪽으로 양지당, 서쪽에 금천이 있으며 북쪽에 의풍각이 있다.

선원전은 태조, 숙종, 영조, 정조, 순조, 익종(효경세자), 헌종을 모시는 공간이다. 황제는 시조를 포함하여 6대 할아버지까지 모시기에 덕수궁의 선원전을 기준으로 하여 칸수를 늘렸다. 앞뒤로 돌기둥에 올린 누각, 진설청은 제사 음식과 다과 등을 보관하며 뒤에는 제관이 휴식을 취하는 방을 두었다. 뜨락에 키 큰 측백나무가 자라고 북쪽의 의풍각은 일제강점기에 지

〈창덕궁 옛 선원전〉

은 집으로 공개하지 않으나 조선 왕실의 유일한 임금님의 관을 두고 있다.

선원전은 옥처럼 아름다운 임금님의 조상을 뜻하고 의풍각은 제사를 모시는 풍속이 풍요롭다는 뜻이다. 동쪽은 봄기운을 전하는 보춘문, 남쪽은 경사로운 일이 넘친다는 연경문, 서쪽은 예절 바르고 엄숙하다는 정숙문을 두고 북쪽의 영휘문은 길이길이 빛난다는 뜻이다.

양지당은 돌아가신 부모님의 뜻을 받들어 그 마음을 즐겁게 한다는 뜻으로 임금님이 제사를 올리기 전에 잠시 머물던 곳이다. 남쪽 만복문은 온갖 복을 누리고 동쪽 만안문은 두루 평안하시길 바라며 북쪽 만수문은 오래오래 사시길 바라는 마음을 담았다.

신선원전은 명나라 황제의 제사를 지내던 대보단 자리에 일제강점기 덕수궁에서 의효전을 옮겨 지었다. 경복궁에 있던 문경전이 덕수궁으로 옮겨 의효전이 되고, 다시 창덕궁으로 옮겨 신선원전이 되었는데, 궁궐 셋을 돌아가며 앉은 모양새다. 안에 있는 괘궁정은 표적을 걸어놓고 활을 쏜다는 뜻으로 훈련도감 군사들의 활터였다. 몽답정은 꿈길을 밟고 간다는 뜻으로 숙종이 언젠가 꿈속에서 이 정자에 오른 일이 있어서 몽답정이란 이름을 내렸다.

〈창덕궁 양지당〉

〈창덕궁 의풍각〉

    종묘와 선원전의 같은 점은 돌아가신 임금님에게 제사 올리는 것이고, 다른 점은 종묘는 돌아가신 임금님과 부인의 신주, 임금님을 잘 보필한 관리를 함께 모신 조선 왕실의 공식적인 사당이다. 선원전은 궁궐 안에 있는 태조를 포함해 숙종, 영조, 정조, 순조, 문조, 헌종을 모시는 임금님 사당이다.

    그 밖에도 경희궁 태령전에 영조, 수원 화성의 화령전에 정조 임금, 전주의 경기전에 태조의 초상화를 모시고 있다. 2021년 종묘 정전 해체복원 공사로 임금님과 부인의 49개 신주를 옛 선원전에 옮겨 모시는 행사가 있었다. 2025년 4월 종묘 정전의 보수를 마치고 다시 모셔 가는 보기 힘든 행사도 이어졌다.

환구단

    고종이 황제에 올라 대한제국을 널리 알리기 위해 1897년에 남별궁 관청을 헐고 그 자리에 하늘과 땅의 모든 신령을 모시는 황궁우와 '환구단'을 짓고 하늘에 첫 제사를 올리며 대한제국을 선포하였다. 황궁우는 3층 팔각집으로 남동쪽에 월대를 갖춘 무지개문 세 칸을 냈다.

    서울광장 동쪽에 있는 환구단 정문은 문틀 아래에 판자를 끼운 후 목재를 'X'자로 앞뒤에 덧대고 문 위로 홍살 2단을 꽂아 혼령이 드나들 수 있게 만든 '홍살판문'이다. 환구단 정문은 그 행방을 모르다가 2007년에 강북구 우이동의 그린파크호텔에서 백운문 현판을 걸고 있는 것을 발견하여 옮긴 것이다. 환구단 정문 안내판은 원구단이라 쓰여 있고 국가유산청에 '원구단 정문'으로 등록돼 있다.

〈서울 환구단〉

〈환구단 황궁우 앞문〉

〈환구단 정문 홍살판문〉

황궁우는 세 벌 장대석을 팔각형으로 쌓아 월대를 만들어 태극 소맷돌 계단을 두었고, 난간 기둥에는 온몸을 동전 비늘로 덮은 왕방울 눈의 사자가 앞발을 곧추세우고 앉았다. 비록 체구는 작으나 그 모습이 광화문 해치와 가장 많이 닮았다는 느낌을 지울 수 없다. 1층은 모서리마다 기둥 셋을 세워 낙양각을 걸고 2층은 창문 없이 바로 지붕을 올렸으며 3층에는 빛이 들어오는 창문을 두어 안을 밝게 하였다.

환궁우 안으로 들면 장대석을 팔각으로 돌아가며 쌓아 한 단을 더 높이고 그 위에 2층 기둥을 세워 안팎의 경계를 이룬다. 황궁우 천장은 가운데로 올라가며 모이는 빗천장으로 중심에 팔각 틀을 짜고 모서리마다 연꽃으로 경계를 짓고 황색의 용 한 쌍을 그렸는데 붉은 등지느러미에 발가락이 여덟이라. 돌난간을 두른 동쪽 무지개 벽돌문 앞뒷면에 아자 돌림무늬와 영지를 물고 오는 학 등 무늬 벽돌을 끼우고 옆면에 '만세' 글자를 넣어 참으로 황제 나라인 것을 알린다.

〈환구단 황궁우 팔조룡〉

호텔을 마주한 황궁우 앞문은 돌기둥 위에 정교하게 돌을 다듬어 무지개 문 셋을 올리고, 뒤에는 벽돌로 무지개 모양을 쌓아 앞뒤가 서로 다른 모습을 보이며, 한옥의 처마를 본떠 장식 벽돌을 쌓아 치장했다. 정문 천장 세 곳에 각각 한 쌍의 용을 그려 넣고 좁은 월대 아래 쌍용 판석은 모서리에 꽃과 넝쿨을 넣고 마름꽃 안에 용 한 쌍을 새겼다. 발톱이 다섯인 오조룡 쌍용 판석은 덕수궁 중화전 쌍용 판석과 비슷하나 공간적인 여유로움이 돋보인다.

앞발을 가지런히 모아 엎드린 짐승은 콧수염 하나씩을 두고 툭 튀어나온 이마에 억센 눈썹을 말아 올렸고, 꼬리는 엉덩이 위로 곱게 빗어 올려 달팽이처럼 말았다. 기둥머리 아래 태극 셋을 새긴 둥글게 다듬은 돌을 두고 담장 아래 묻혀 움직임이 어려운 애처로운 사자도 보인다. 화려한 연잎 받침돌 위에 검은 돌을 다듬어 북처럼 만든 '돌북' 셋은 고종 황제 즉위 40년을 기념하여 세종로에 세운 비와 함께 만든 것이다.

〈황궁우 동문〉

〈황궁우 내부〉

처음은 호텔 자리의 동쪽에 집을 짓고 광선문을 내어 담장을 둘러 비바람을 막았다. 일제강점기에 광선문은 남산의 절집으로, '돌북'을 보호하던 집은 장충동 이토 히로부미 사당의 종각으로 팔렸다. 삼국 시대부터 「원구단」에서 비가 오고 풍년이 들기를 바라는 제사를 하늘에 올렸기에 이를 쉽게 멈출 수 없어 조선에서도 이름을 「원단」이라 바꾸기만 했을 뿐 제사는 계속 지냈다.

> 내 고장 문화유산

〈장성 이진환 가옥 대청 사당〉

〈홍성 연산 서씨 석보〉

궁궐에서 강제로 사당을 짓고 제사를 올리라고 하니, 누구도 제대로 아는 바가 없는 상황이었다. 따라서 전남 장성군 「이진환 가옥」은 사랑채의 대청에 사당을 두었고 강릉 「함대식 가옥」은 사랑채 왼쪽에 떨어져서 한 칸짜리 사당을 마련하였다.

〈보은 기계 유씨 석조보실〉

양반가에서 족보를 온전히 보관하기 위한 노력의 흔적을 볼 수 있다. 보은군 장안면의 「기계 유씨 석조보실」은 사각형 돌함지에 둥근 덮개돌을 덮어 조상의 무덤 옆에 묻었다. 이웃한 보은군 마로면의 「능성 구씨 보갑」도 사각형의 돌함지에 사각형 덮개돌을 얹어 「고봉정사」 뜨락에 두었다. 홍성군 구항면의 「연산 서씨 석보」가 전하는데 마을 입구의 암벽을 가로 40㎝, 세로 30㎝로 굴을 파내고 판재 모양의 검은 돌에 새긴 족보를 보관하였다. 이는 1853년에 만든 것으로 후손이 1996년에 석굴을 열어 알려졌다.

〈대구 달성 도동서원〉

육상궁의 담장은 창덕궁 인정전 뒤 담장과 같은 무늬를 넣었는데 강원도 양양군 「낙산사」 원통보전 담장도 화강암을 정교하게 빗겨 끼워 아래위와 옆으로 마름모꼴이 끝없이 이어진다. 예전에는 사당과 정자각의 기둥 위에 흰 종이를 바르고 방 안의 벽 아래만 도배를 했다. 그러다 정조 임금이 벽은 바르지 말고, 기둥 아래만 흰 종이로 도배하도록 한 것이 오늘날 단청기법으로 전한다. 대구광역시 달성군 「도동서원」은 조광조의 스승 김굉필을 모시는 집으로 강당 기둥 위에 옛 방식으로 흰 종이를 도배한 유일한 서원이다.

사도세자의 어머니 영빈 이씨가 묻혔던 연세대학교 루스채플 자리 앞에 「수경원 옛 정자각」이 남아 있고, 충북 보은군 속리산 법주사에는 영빈 이씨의 위패를 모시고 제사를 올리는 「선희궁 원당」이 있다.

〈서울 옛 수경원 정자각〉

〈속리산 법주사 선희궁 원당〉

『경복궁 영건일기』에는 삼각산의 요상한 기운을 석구가 짖어 누른다고 하였는데 서울 금천구 호암산 정상에 석구 한 마리가 삼각산을 향하고 있다. 『시흥읍지』에 보면 한양으로 도읍을 삼을 때 만들었다고 하는데 그 아래 넉넉하게 물을 담고 있는 연못에 '석구지'라 새긴 돌을 거꾸로 끼웠다. 비가 많이 와 물이 가득 차면 놀라서 짖으며 위험을 알리는데 거꾸로 끼웠기에 물에 빠지지 않고 숨을 쉴 수 있다는 의미를 담았다.

〈서울 호암산 석구상〉

〈호암산 석구지 암각자〉

전남 구례군 토지면 「연곡사」는 궁궐에서 신주로 사용하는 밤나무를 관리했다. 위로는 참나무를 보호하고 아래로는 밤나무를 키우는 곳으로 사람들의 출입을 금한다는 뜻의 '율목봉산금표'를 바윗돌에 새겼다. 강원도 평창군 방림면에 가장 나이 많은 '운교리 밤나무'가 자란다.

〈평창 운교리 밤나무〉

〈예산 남은들 상여 ― 복제〉

〈영암 문창집 가옥 곽분양 행렬도〉

　상여 몇 점이 남아 있는데 홍선대원군의 아버지 남연군의 묘를 이장할 때 사용한 「남은들 상여」 복제품이 충남 예산군 덕산면에 있고, 충북 영동군 용산면에 「이용강 상여」가 있다. 양반가에서 3년 상을 지낸 흔적은 전남 영암군 「문창집 가옥」 사랑채에서 만날 수 있다. 사랑채 툇마루에 '표향청와재' 현판을 걸고 아래에 팔순 잔치를 맞아 1백 명의 자식과 1천 명의 손자를 거느리고 황궁으로 드는 「곽분양 행렬도」를 걸었다. 당나라의 곽분양 장군은 '안사의 난'을 물리치고 낙양과 장안을 되찾는 큰 공을 세웠으며 16명의 자식과 100여 명의 손자 손녀를 보며 영예를 누렸기에 조선의 양반들이 닮으려 하였다. 「표향청와재」는 돌아가신 분이 저승에서 복 많이 받길 기원하는 집이란 뜻이다.

　몽괘정과 같은 뜻으로 강원도 영월의 「금몽암」은 단종이 영월로 유배되었을 때, 주변을 거닐다 작은 암자를 보고 궁궐에서 꿈으로 봤던 절집이라 하여 이름하였다. 제사 시설에 있는 홍살판문은 종묘의 창엽문, 정전과 영녕전의 남문, 서울 사직단, 서울 동관왕묘, 수원 화령전 등에서 만날 수 있다.

〈영월 금몽암〉

〈종묘 정전 남신문〉

〈수원 화령전 홍살판문〉

〈서울 사직단 홍살삼문〉

『용산 주한미군대사관 이전 부지 내 유적 발굴 조사보고서』에 의하면 용산고등학교와 이웃하는 낮은 언덕에 제단으로 사용했던 석재들이 있다. 조선에서는 산과 바다, 강에 있는 신에게 제사를 지냈는데 이곳 남단을 비롯하여 충남 공주시「계룡산 중악단」, 강원도 양양의「동해묘」, 전남 영암의「남해신사」, 경남 양산시「가야진사」등이 있다.

〈양양 동해신묘〉

〈양산 가야진사〉

〈공주 계룡산 중악단〉

종묘

정전

　창덕궁에서 들어온 땅줄기의 가운데 정전을 앞히고 동쪽으로 수복방과 제사 음식을 만드는 전사청을 두었다. 정전 남쪽 담장과 마주하여 임금님이 머무는 재궁을 두고 못 앞에 향대청과 망묘루가 있으며 그 끝에 창엽문을 두고 영녕전은 정전의 서북쪽 깊숙한 곳에 자리한다.

〈종묘 정전 감실〉

종묘 길목에 '지차대소인원하마비'는 모두 말에서 내려 걸어 들어오라는 것을 알리고 세종대왕 때 설치한 일영대의 받침돌 일부를 계단처럼 놓았는데 전찻길을 놓으며 묻혔던 것을 파내 탑골공원으로 옮긴 것이 자리를 찾았다. 계단 모양으로 놓인 돌을 보며 고개를 갸우뚱하지만 창경궁 관천대 모습을 떠올리면 그 모습을 상상할 수 있다.

『영조실록』에는 임금님이 백성의 삶을 몰래 살필 때, 할머니 한 분이 할아버지에게 말하길 "목성이 도둑별에 쫓겨 유성 아래로 들어갔어요." 하기에 임금님이 그 할머니의 천문 수준이 높음을 알았다. 그래서 종묘 앞에 일영대를 세워 하늘을 살필 수 있도록 하였다고 한다. 종묘 앞 개천에 긴 돌을 놓은 널다리를 '종묘 전교'라고 하는데 양쪽 끝에 해치 기둥을 세웠고, 종묘의 대문 위로 봉긋 솟은 북한산 보현봉이 기운을 전한다.

종묘 정문인 창엽문은 앞에 디딤돌 셋의 계단을 두고 가운데 칸에 태극 둘을 새긴 부채꼴 소맷돌을 놓아 임금님 계단을 알린다. 문틀을 짜서 판자를 끼운 홍살을 2단으로 꽂아 혼령이 드나들 수 있게 한 창엽문은 푸른 잎처럼 조선이 오래도록 번창하길 바라는 마음을 담았다. 얇게 뜬 돌을 깔아 세 갈래 길을 만들고 가운데 길은 향·축문이나 신주가 지나는 '향과 혼령의 길'이고 임금님은 동쪽, 왕세자는 서쪽 길을 걷는다. 향은 제사를 시작할 때 피워 연기를 올리고, 축문은 언제, 누가, 어느 혼령에게 제사 지냄을 알리는 글이다.

〈종묘 하마비와 일영대 석물〉

〈종묘 향·축문길〉

〈종묘 망묘루〉

 '좌상우하'라 하여 왼쪽이 높고 오른쪽이 낮다는 뜻이다. 방향은 임금님이 남쪽을 향해 앉음을 기준으로 하기에 왼쪽은 동쪽이고 오른쪽이 서쪽이므로 임금님 길이 동쪽이고 좌의정이 우의정보다 우선한다. 그러나 혼령은 반대로 '우상좌하'라고 하여 지방을 쓸 때 아버지를 오른쪽, 어머니를 왼쪽에 쓰는 것과 같다. 정전은 동쪽에 있고 영녕전은 서쪽에 있어 영녕전이 더 높을까? 평지에 같이 앉을 때는 앞이 높고 뒤가 낮다는 '전상후하'를 따르니 정전이 영녕전보다 앞에 나와 앉았음을 본다.

 창엽문 옆에 못이 하나 있고 망묘루 앞 큰 못의 둥근 섬에 세월을 이긴 향나무가 자라며 정전과 재궁 사잇길 숲에도 물 마른 못이 있다. 종묘의 못은 영혼들이 머무는 곳이기에 연꽃이나 물고기를 기르지 않는다. 이는 물고기의 움직임이나 연꽃이 바람에 흔들리는 탓으로 물의 고요함이 깨지는 것을 막기 위함이다. 태종 때 못을 만들면서 파낸 흙으로 남쪽 담장에 동산을 만들어 종묘의 기운을 모았다.

〈종묘 망묘루 못〉

　망묘루는 못 옆에 올린 집으로 임금님이 정전을 바라보며 감사를 올렸는데 지금은 우거진 숲이 가로막고 있다. 이웃한 향대청은 제사에 쓰이는 향과 축문, 예물 등을 보관하고 제관들이 옷을 갈아입던 곳인데 지금은 '드오실'과 '지오실'을 만들어 종묘제례와 신주, 제례악 등을 알리고 있다. 그러기에 종묘대제 때 향합과 축문이 나가는 향대청의 구실을 재궁이 대신하고 있다.

　사당에 모시는 신주는 돌아가신 분의 혼령이 깃든 상징물로 신분에 따라 크기와 모양이 다르지만 모두 밤나무로 만든다. 향대청에 전시한 태조의 신주는 사각기둥에 윗면이 둥글고 아래위와 옆면으로 구멍을 뚫어 혼령이 드나들 수 있게 하였는데 모양이 다른 송시열, 정경세 신주와 가정에서 사용하는 지방도 함께 한다.

　태조의 신실은 신주를 모셔두는 장을 가운데 두고 오른쪽은 도장, 왼쪽에 책을 보관하는 장을 각각 두었다. 앞에는 서쪽에 흰색 모시 수건을 씌운 태조의 신주, 동쪽에 청색 모시 수건을 씌운 부인 '신의고황후 한씨' 신주를 모셨다. 서쪽은 흰색 동쪽은 청색이라 방향에 따른 색이고 수건은 임금님 면류관과 부인의 머리 장식을 상징한다. 향대청을 나와 망묘루 못을 지나 '향과 혼령의 길' 옆을 걸으며 재궁길로 들어서면, 임금님은 재궁 남문으로 들어가 사랑채에 들고 왕세자는 동문으로 돌아 들어가 작은 사랑채에 머문다.

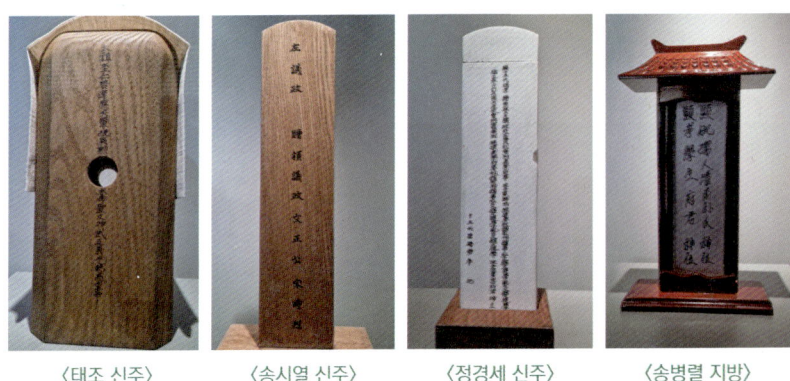

〈태조 신주〉   〈송시열 신주〉   〈정경세 신주〉   〈송병렬 지방〉

〈종묘 향대청 태조 감실〉

'ㅁ'자 담장을 두른 재궁은 정사각형 검은 벽돌을 십자로 깔아 길을 만들고 동쪽과 서쪽에 문을 두 개씩 두었다. 임금님 사랑채 앞에 두멍 한 개를 놓았고 왕세자의 작은 사랑채는 목욕실과 마주하고 있다. 서문을 나온 임금님과 왕세자는 북쪽 길을 따라 정전의 동문 앞에 이르러 정사각형 검은 벽돌을 방석처럼 놓은 곳에 임금님이 오르고 길 아래 왕세자도 올라 숨을 고른다.

담장 구실을 하는 수복방에 종묘의 제삿날과 왕릉이 있는 곳을 새긴 편액을 걸었는데 이와 비슷한 경남 합천군 삼가면의 기양루 편액에는 대전, 대왕대비전, 왕대비전, 대비전, 중궁전 등의 별칭으로 생일도 기록했다.

〈합천 기양루 조선의 제삿날 편액〉

〈종묘 재궁 어재실〉

전사청은 담장을 두른 우물과 함께 제사 음식을 준비하는 집으로 앞마당에 검은 벽돌을 방석처럼 놓은 크고 작은 두 개의 판이 있다. 큰 것이 천막을 치고 제사 음식을 살피는 찬막단이고, 작은 것이 '살필 성(省)', '희생 생(牲)' 성생단으로 제사에 쓰일 소, 양, 돼지를 올려 튼실함을 살핀다. 제사에 쓰이는 가축을 희생이라 하는데 이를 잡을 때 사용하는 칼을 '난도'라 한다. 난도는 손잡이에 셋, 칼끝과 칼등에 하나씩 모두 다섯 개 방울을 달아 칼이 움직일 때마다 방울이 울려 희생의 넋을 달랬는데 국립고궁박물관에서 만날 수 있다.

정전의 동문은 세 칸의 문 위, 아래를 어긋나게 달아 작은 틈 사이로 혼령이 드나들 수 있도록 하고 문기둥 받침목에 삼태극을 새겼다. 문 안쪽 월대에 오르는 임금님 계단은 구름무늬 소맷돌을 가운데 두고 양쪽으로 간략한 소맷돌을 두어 바깥쪽 계단과 구별하였다. 월대에 오른 임금님은 정사각형 검은 벽돌을 방석처럼 놓은 곳에 서고 왕세자는 한 걸음 물러나 향합과 축문이 들어오길 기다린다. 월대 아래 길쭉한 집은 임금님을 도와 공을 세운 신하 83분의 신주를 모신 공신당이다. 임금님의 신주를 영녕전으로 옮기면 후손들이 신주를 모셔 가거나 앞산에 묻었다. 서쪽에 있는 세 칸 집은 일곱 신을 모시는 칠사당으로 왕실과 백성의 생활이 평안하기를 기원하며 토속신앙과 유교를 유연하게 연결한 것으로 볼 수 있다.

〈종묘 찬막단과 성생단〉

〈난도〉

〈종묘 동문 앞 임금님 자리〉

정전의 남문은 홍살판문으로 가운데 길은 향합과 축문을 담은 황색 보자기 함이 앞에 서고 한 걸음 뒤 양쪽으로 황색 등이 들어 온다. 탁 트인 월대 위에 나지막하게 보이는 정전이 양쪽 끝에 날개채를 두었고 아래 월대는 옆은 109m, 앞은 69m로 낮은 곳으로 물 빠짐 돌을 두었다. 아래 월대 동쪽은 임금님과 제사에 참석한 관리와 종친들이 절하고 서쪽은 악공과 춤을 추는 무용수들의 공간이며 일부 악기는 위 월대에도 올렸다. 따라서 제례를 지낼 때 햇빛과 이슬을 가리기 위해 천막을 칠 때 사용하는 차일 고리 여럿을 볼 수 있다.

〈종묘 정전〉

정전 양쪽의 날개채는 제기와 관련된 물건을 보관하고 서쪽 행랑은 신주를 잠시 옮겨 보관하는 이안청으로 사용하였다. 지붕에 취두를 올리고 한 단 낮은 날개채에도 취두를 올려 집의 격식을 높였고 태종 때 제관들이 눈과 비를 피하는 다섯 칸 공간을 날개채 앞으로 달아냈다.

동문 월대에 임금님 계단을 가운데 두고 양쪽에 간략한 소맷돌을 둔 세자 계단, 소맷돌 없는 계단을 두었다. 복도를 오르는 무지개다리는 하늘에 오름을 상징하고 동쪽의 복도와 서쪽의 이안청 모퉁이 돌에서 겹 기둥 장식을 만난다. 서문 밖에 있는 정전 악공청은 종묘제례악을 연주하는 악공과 줄지어 춤을 추는 무용수의 공간이다.

월대 가운데 향합과 축문이 지나는 검은 벽돌길 가운데 사각형 검은 벽돌이 방석처럼 놓인 곳이 '합사할 부(祔)', '아뢸 알(謁)' 글자를 쓴 '부알판위'이다. 임금님이 돌아가시면 궁중에서 삼년상을 마치고 종묘로 옮겨 모시는 것을 '부묘'라 하는데 이때 밤나무로 만든 신주, 임금님 업적을 찬양하는 글을 대나무에 쓴 죽책, 이름을 새긴 거북 도장을 함께 모신다. 신주와 함께 죽책과 거북 도장이 정전으로 모셔지면 궁중에서 모셔 온 뽕나무 신주는 종묘 뒤 담장 아래 묻었다.

임금님 부인은 삼년상이 끝나도 홀로는 종묘에 들 수 없기에 임금인 남편이 돌아가시고 종묘에 모실 때까지 궁중에서 제사를 받으며 기다린다. 명성황후는 1895년에 돌아가셨으나 고종황제가 돌아가시고 삼년상이 끝난 1922년에서야 종묘에 함께 모실 수 있었는데 금판에 글을 쓴 금책을 황제 부인 예우로 만들어 올렸다.

〈종묘 정전 복도 계단〉

〈종묘 정전 복도 겹기둥 장식〉

위 월대의 동쪽 계단은 제관이 오르내리고 한가운데 큰 계단은 연꽃 소맷돌을 두고 윗면에는 뭉게구름을 층층으로 새겨 신주와 향합, 축문이 하늘에 오름을 알렸다. 제례가 끝나면 제관이 서쪽 계단을 내려와 축문과 폐백을 망료기에 담아 오른쪽으로 돌아가 태웠다.

 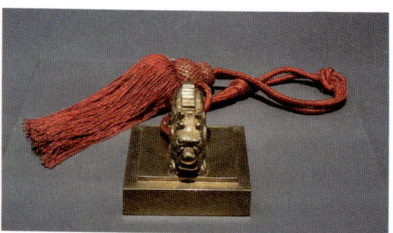

〈명성황후 금책〉   〈명성황후 금보〉

〈종묘 정전 부알판위〉

처음부터 이렇게 큰 집을 지었을까? 태조 이성계는 정전 다섯 칸에 날개채를 양쪽으로 두 칸씩 짓고 할아버지 네 분을 한 칸씩 모시니 한 칸이 남았다. 태종 때 남은 한 칸에 태조를 모셨고 정종과 태종이 또 돌아가시니 모실 공간이 없어 세종대왕이 생각을 내어 영녕전을 짓고 할아버지 네 분을 옮겼다. 황제는 시조를 포함하여 여섯 분, 임금님은 시조와 고조할아버지까지 다섯 분을 모신다.

불천위는 고조할아버지를 넘어 현조 할아버지가 되더라도 그 공적이 매우 크므로 사당에 영구히 모시며 제사 올리는 신주다. 이 원칙에 따르면 태종을 옮겨야 하나 조선 처음으로 불천위 임금님이 되니 연산군 때 문종을 영녕전으로 옮기고 명종 때 6칸을 이어서 정전은 11칸이 되었다. 임진왜란 때 불탄 것을 다시 지었는데 불천위 임금님이 늘어나니 영조 때 4칸, 헌종 때 4칸을 이어 19칸의 큰 집에 이르렀다. 조선의 불천위 임금님은 모두 열세 분이고 여기에 더해 순조, 문조(효명세자), 헌종, 철종, 고종과 순종을 모시니 짜맞춘 것처럼 19실이 꽉 찼다.

〈망료기와 긴 젓가락〉

〈종묘 영녕전 망료제〉

불천위 임금님은 나라를 세운 태조, 나라의 기틀을 마련한 태종, 영토 확장과 문화 발전을 이룬 세종대왕, 여진족을 토벌한 세조, 문화 전성기를 이끈 성종이다. 또한 연산군을 몰아낸 중종, 임진왜란 때 선조, 광해군을 몰아낸 인조, 북벌 정책의 효종, 영조의 고집으로 올린 현종, 전국적으로 대동법을 시행한 숙종, 탕평책의 영조, 조선의 중흥기를 이룬 정조 임금 등이다.

조선에서는 임금뿐만 아니라 이황이나 이이, 이순신 장군 등 훌륭한 분들의 신주를 옮기지 않는 불천위로 지정하였고 여성 중에는 『음식디미방』을 쓴 경북 영양군 석계고택의 안주인 정부인 장씨를 유일한 불천위로 모신다. 중종이 조광조를 쫓아낸 기묘사화 때 화를 입은 강릉 최씨 최수성의 '부조지위' 현판을 강릉 황산사 문정묘에 걸었다.

태조 이성계의 신주는 어느 방에 모셨을까? 신주는 각각의 방을 만들어 모시거나 같은 방에 함께 모시는 두 가지 방법이 있다. 향교의 대성전은 공자의 위패를 북쪽에 두고 앞과 옆에 제자들의 위패를 함께 모시는 소목제를 따랐다. 조선은 세종대왕 때, 서쪽이 우선 한다는 서상제를 택해 태조의 신주를 서쪽 첫 번째 칸에 모셨다. 따라서 정전은 동쪽으로 집을 이어 지었고 그 흔적을 월대에서 발견할 수 있다.

〈강릉 황산사 문정묘 부조지위〉

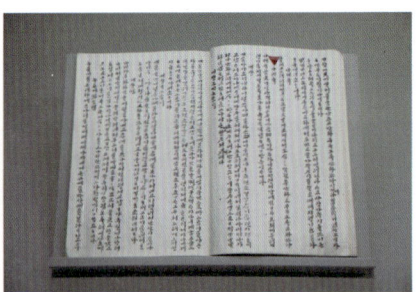
〈영양 석계고택 장씨부인 — 음식디미방〉

〈종묘 영녕전 서상제 감실〉

〈구례향교 소목제 대성전〉

영녕전

영녕전은 4칸 본채에 양쪽으로 날개채 6칸을 갖춘 모두 16칸의 집으로 동쪽과 서쪽 날개채 앞에 5칸의 복도를 두었다. 동문 앞에 사각형 검은 벽돌을 방석처럼 놓아 임금님과 세자 자리를 마련하고 북쪽으로 찬막단과 전사청 터가 있으며 제기를 보관하는 제기 창고를 담장 안에 두었다. 본채에는 목조, 익조, 도조, 환조 할아버지와 서쪽부터 정종을 비롯하여 마지막으로 우리가 영친왕이라 일컫는 의민황태자의 신주를 모셨다.

〈종묘 영녕전〉

〈삼척 준경묘〉

〈삼척 영경묘〉

 고조할아버지 목조 이안사는 전주지방의 유지로 전주에서 삼척으로 또, 삼척에서 함경도로 옮겨갔다. 할아버지 도조는 원나라 벼슬 다루가치에 올랐으며 아버지 환조는 고려 벼슬 동북면 병마사에 올랐다. 강원도 삼척시 미로면에 태조 이성계의 현조 할아버지 이양무와 할머니 무덤인 '준경묘'와 '영경묘'가 있다. 종묘의 담장은 부분적으로 다시 쌓은 때를 알리는 간지를 새겼는데 1857년 정사(丁巳) 8개, 1861년 신유(辛酉) 6개, 1876년 병자(丙子) 5개 등 85개가 있다. 망묘루 동쪽 구석에 공민왕과 노국대장공주 부부가 마주 보는 듯한 그림과 옆에 말 그림 세 점을 함께 모신 공민왕 신당이 있다. 경북 봉화군 명호면 청량사 응진전에서 나한들과 나란히 앉은 노국대장공주의 모습을 만날 수 있는데 아마도 홍건적이 쳐들어와 안동으로 피난한 인연일 것이다.

〈종묘 암각자 — 정사〉

〈종묘 공민왕 신당〉

〈봉화 청량사 응진전 노국공주 상〉

내 고장 문화유산

전남 장성군 황룡면「필암서원」에는 희생의 고삐를 묶어 놓고 살피는 '맬 계(繫)', '희생 생(牲)' 글자를 쓴 계생비가 있고 강원도 삼척시「삼척향교」명륜당 앞에 둥근 거북 돌을 놓았다. 대구시 달성군「현풍향교」는 탑의 몸돌을 성생위로 사용하는데 희생정신이란 가축이 제물로 목숨을 잃는 숭고함을 의미한다.

〈장성 필암서원 계생비〉

〈삼척향교 성생위 거북돌〉

〈연천 숭의전〉

〈연천 숭의전 공신당 내부〉

 경기도 연천군 미산면의 「숭의전」에는 고려의 태조, 현종, 문종, 원종 네 분과 고려 충신 16분의 신위도 함께 모셨다. 태조 왕건의 영정과 신위를 모신 숭의전, 공신들을 모신 배신청, 신위를 잠시 옮겨 모시는 이안청 등을 두었다. 『태조실록』에 보면 주물로 만든 고려 태조 상을 숭의전으로 옮기고, 낡은 숭의전을 다시 짓도록 하였다. 경북 경주시에는 「숭덕전」, 「숭신전」, 「숭혜전」이 있어 신라의 박혁거세, 석탈해, 미추왕을 각각 모시고 제사를 올린다. 중국 베이징 자금성 동쪽에 있는 「타이미우」, 베트남 다낭시에도 응우옌 왕조의 「또미우라」로 불리는 종묘가 있다.

〈경주 숭혜전〉

〈베트남 또미우라〉

조선을 세운 이성계

〈금산 고경명 선생 깨진비〉

〈금산 이치대첩 깨진비〉

태조 이성계는 홍건적의 침입으로 공민왕이 경북 안동으로 피난하였을 때 개경 탈환 전투에서 큰 공을 세웠다. 우왕 때는 전북 남원에서 왜구를 전멸시키고 그 공적을 운봉읍 화수리 큰 바위에 이성계, 변안렬, 임성미 등의 이름을 새겨 여러 장군의 도움으로 크게 이김을 알렸다. 선조 때 그 옆에 황산대첩을 알리는 비를 세웠으나 일제강점기 '한민족 문화 말살 정책'에 따라 일본 경찰이 비를 폭파하고 바위 글자를 쪼아 내어 흔적만 남았다. 일제강점기 때 폭파된 비로 충남 금산군 금성면 '고경명 선생비'와 금산군 진산면 '권율 장군 이치대첩비'가 흔적만 남기고 있다.

  전북 남원시에서 운봉읍을 오가는 고갯마루 여원치에는 꿈에 나타나 왜구와의 전투에서 승리할 작전을 알려준 할머니를 기려 불상을 새긴 큰 바위가 길 아래 흔적을 감춘다. 1391년 이성계와 둘째 부인 강씨 등 1만여 명이 미륵불이 내려옴을 기다린다는 글을 새겨 금강산 월출봉에 사리갖춤을 묻었다. 종교적 행사를 넘어 새로운 왕조를 꿈꾸는 이성계의 정치적 야망을 보인 것으로 「금강산 출토 이성계 발원 사리장엄구」는 국립중앙박물관에서 만날 수 있다. 재미있는 것은 개국 공신 집의 노비 박자청 이름도 새겼는데 창덕궁 인정문 마당을 찌그러뜨린 바로 그 사람이다.

〈남원 황산대첩 깨진비〉

1392년 마침내 임금에 오른 태조는 함경도 용연에 있던 자신의 태실을 호남에서 한양으로 오가는 길머리인 충남 금산군 추부면 마전리로 옮겨 전주가 본향인 이성계가 조선을 세운 것을 알렸다. 충북 진천에 있는 김유신 장군 태실은 우리나라에서 가장 오래된 태실로 알려져 있다. 고려 공양왕은 강원도 삼척시 근덕면 궁촌리로 옮겨와 1394년에 아들과 함께 죽임을 당해 묻힌 것을 태종이 경기도 고양시 덕양구 원당동으로 옮겨「고려 공양왕릉」이라 하였다. 이처럼 살던 곳을 떠나 먼 곳에 무덤을 쓴 임금님으로 신라의 마지막 경순왕이 경기도 연천군에 묻혔고 조선의 단종이 영월에 묻혀 애처로움을 더한다.

〈이성계 발원 사리장엄〉

〈진천 김유신 태실〉

〈고양 공양왕릉 호랑이상〉

〈연천 신라 경순왕릉〉

〈구리 건원릉〉

〈서울 살곶이 다리〉

　함흥차사로 유명한 이성계가 서울로 돌아올 때 마중 나간 태종을 향해 활을 쏘았다는 성동구 행당동에 있는 '살곶이 다리'가 부자 사이의 갈등 깊이를 느끼게 한다. 태조 이성계는 경기도 구리시에 묻혀 「건원릉」이라 하였으며 함경도 영흥에서 흙과 억새를 가져와 덮었기에 가을에 능 위로 억새를 볼 수 있다. 우리는 추석 전에 조상의 묘를 찾아 벌초하는데 건원릉은 한식날 봉분의 억새를 벤다. 건원릉의 정자각 동쪽에 화강암 판을 방석처럼 놓은 것이 임금님이 절을 올리는 배위판이고 서쪽 화강암 판석은 축문 태우는 것을 본다는 망료위이다. 동구릉은 배위판이 홍살문 동쪽에 있고 황제의 능인 홍유릉에는 서쪽에 있어 임금과 황제 나라의 격식이 다름을 보인다. 태조 이성계가 양주 회암사에 머물렀기에 영의정, 좌의정, 우의정 대신들이 잇달아 찾아와 머무니 이곳 이름이 '의정부'가 되었다. 의정부시에서는 이성계 장군 동상을 세워 이를 기리고 있다.

〈구리 건원릉 정자각 배위판〉

〈남양주 홍릉 배위판〉

〈구리 숭릉 배위판〉

문수동자와 세조

　절에 가면 가끔은 냇가에서 등을 미는 소년의 그림을 만나는데 이는 세조와 문수동자의 만남을 표현한 것이다. 오대산 상원사에 오르던 중 냇가에서 몸을 닦던 세조가 지나가는 소년을 불러 등을 밀어달라 하니 깔끔한 느낌이 들어, "어디 가서 임금의 등을 밀었다고 말하지 말라."라고 이르자, "임금님도 어디 가서 문수동자 보았다고 말하지 마시오."라며 답하기에 깜짝 놀라 돌아보니, 문수동자는 보이지 않고 종기는 씻은 듯이 나았다는 이야기다.

〈제천 백련사 문수보살 친견도〉

　충북 보은군 속리산면의 모양새 좋은 소나무는 법주사를 찾던 세조에게 가지 한 번 들어주고 600여 년을 정2품 벼슬로 귀한 대접을 받으며 2002년에는 강원도 삼척시 미로면 '준경묘'의 미인송 새색시와 새장가를 들어 자손을 널리 퍼뜨렸다. 2024년 9월 불교중앙박물관에서 남양주 봉선사 특별전이 있었는데 합천 해인사에 봉안된 세조의 진영과 봉선사 세조 초본이 눈길을 끌었다. 파주시 광탄면 용미리 「마애이불입상」은 세조와 부인 정희왕후의 극락왕생을 소원하며 새긴 부부 불상이라고 한다.

〈삼척 준경묘 미인송〉

〈합천 해인사 세조 진영〉

용만관의 선조

1592년 임진년 봄, 도요토미 히데요시가 조선을 침략하자 선조는 평안북도 의주관아 용만관으로 피난했다. 고려 때 용만현이라 하였고 압록강 이름이 용만이며, 명나라 사신이 머물던 의주 관아의 이름이다. 선조는 백성들에게 대국민 담화문인 한글 교서를 쓴다. 왜군들에게 잡힌 백성이 돌아오면 그 죄를 묻지 않고, 왜군을 잡아 오거나 왜군의 정보를 갖고 오는 사람, 포로가 된 조선 사람을 데려오면 천민이나 양민을 가리지 않고 벼슬을 내릴 것을 약속하는 글이다. 경남 김해 한글박물관은 선조의 「한글 교서」를 전시하고 있다. 다음 해 10월에서야 한양에 돌아온 선조는 온전했던 월산대군의 증손자 집을 행궁으로 삼고 집 주위에 목책을 세우고, 명종 때 영의정을 지낸 심연원 후손의 집을 종묘로 사용하였다.

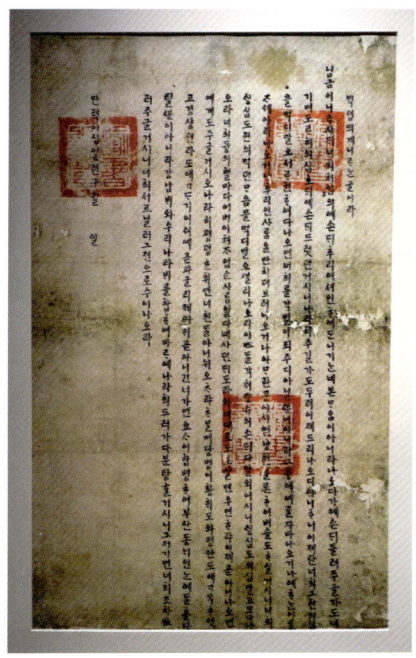

〈선조 국문교서〉

충남 아산 현충사기념관에 모친상을 당한 이순신 장군을 다시 삼도수군통제사로 임명하면서 가르치고 타이른다는 뜻의 「이순신 사명훈유교서」가 전한다. "지난번 삼도수군통제사 직위를 박탈하고 백의종군하게 하였던 것은 임금이 어질지 못함에서 생긴 일이다. 그래서 칠천량해전에서 우리 수군이 참패하였으니 임금인 내가 무슨 할 말이 있으리오. 무슨 할 말이 있으리오. 이제 상복을 입은 장군을 이전처럼 전라 좌수사 겸 삼도수군통제사로 임명하니 충성된 마음을 굳건히 하여 나라 구하고자 하는 임금의 소원을 들어주길 바란다."라고 장군에게 사과하는 글을 담았다. 1597년 7월 16일에 칠천량해전에서 원균이 이끄는 조선 수군이 크게 패한 소식을 닷새 후에 듣고 부랴부랴 이틀 후에 백의종군하던 장군에게 다시 삼도수군통제사를 임명한 것이다. 조선에서는 부모님이 돌아가시면 벼슬에서 물러나 삼년상을 치르는 것이 자식의 도리였는데 이를 무시하고 강제로 전장에 나가 싸우란 것이다. 경남 진주시 수곡면 원계리의 '진배미 들판'은 군사들과 훈련하며 삼도수군통제사 임명장을 받았던 곳이다.

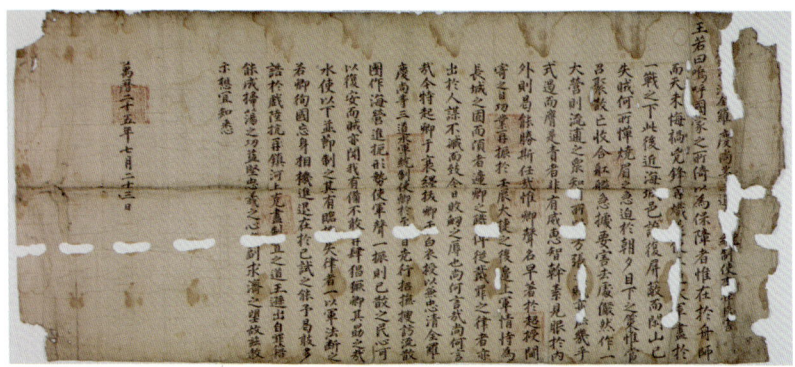

〈이순신 사명훈유교서, 출처: 국가유산청〉

전남 나주박물관은 「임란 첩보 서목」을 전시하고 있다. 전라도 흥양현 현감 최희량 장군이 1598년 3월부터 7월 사이에 왜적을 격파한 것과 군함,

군량, 무기 등 자세한 상황을 전라 좌수사와 전라 관찰사에게 보고한 공문서다. 왜적에게 승리한 소식에 얼마나 기뻤으면 전투에서 큰 상처를 입은 최희량 장군에게 임금 주치의를 내려보내 병을 진료토록 하였을까? 얼마 후, 선조는 그런 장군에게 또 죄를 물어 흥양현 현감에서 물러나게 한다. 흥양현은 왜의 수군이 서해로 들어가려고 할 때 전략상 매우 중요한 곳으로 오늘날 전남 고흥이다. 전남 나주시에서는 선무원종공신 1등급에 오른 수성 최씨 최희량 장군을 기려 신도비 앞길을 '무숙로'라고 이름하였다. 수성 최씨는 경기도 화성을 본관으로 하는데 화성시 매송면에 고려 충렬왕 때 '수성백 최영규 시조 묘'가 있다.

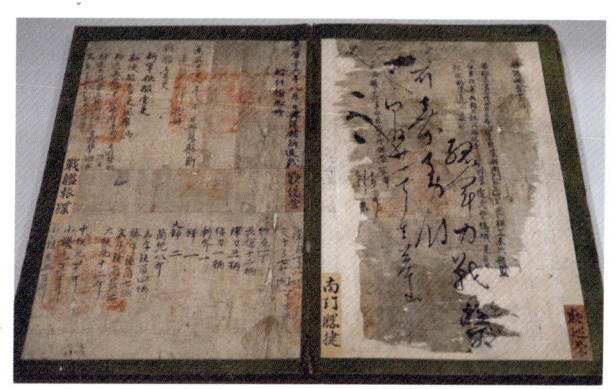

〈최희량 장군 임란 첩보 서목〉

전북 남원시에 무수히 많은 의로운 사람의 충성된 혼령을 모신 무덤 '남원 만인의총'이 있다. 정유재란 때 1천여 명의 관군, 3천여 명의 명나라 군사, 6천여 명의 남원 백성이 나흘 동안 왜군에게 맞서 싸우다 모두 죽임을 당한 것이다. 일본의 교토시 도요쿠니 신사 앞에 있는 귀무덤은 정유재란 때 남원성이 함락되자, 왜적이 공적을 인정받기 위해 남녀노소를 가리지 않고 죽인 후 귀와 코를 베어 간 것을 묻은 무덤이다. 일본 교토시에서 쓴 한글 안내 현판에는 히데요시가 일으킨 이 전쟁은 조선 민중의 끈질긴 저

항에 패퇴하였다고 기록돼 있다. 임진왜란 때 끌려가 교토에 살던 조선 백성들이 명절 때 귀무덤을 찾아 차례를 지냈다는 기록도 있고 일부러 조선 통신사를 이곳으로 지나도록 하였다고도 한다.

〈일본 교토 귀무덤〉

전북 임실군 운암면에 있는 「양요정」 정자에 일월오봉 병풍을 의미하는 해와 달, 산봉우리 그림과 함께 몇몇 호위병과 궁녀, 관리 등이 선조가 탄 가마를 모시고 피난하는 단출한 모습을 그렸다. 정자의 주인 최응숙은 임진왜란 때 의주까지 임금님을 모셨다 하여 호종공신 3등에 오른 분으로 그때 모습을 벽화로 그렸다.

〈임실 양요정 선조 피난도〉

유교의 나라 조선의 관리들이 혼란에 빠졌다. 임진왜란을 일으킨 하늘 아래에 같이 살아선 안 될 못된 원수! 왜가 외교관계를 다시 맺자고 하며 치근댄다. 그러나 관리 누구도 사신으로 가려 하지 않으니 1604년에 스님 사명당을 대표로 보내며 이름도 도적놈의 나라를 정탐한다는 '탐적사'라고 하였다. 스님은 교토에서 도쿠가와 이에야스를 만나서 잡혀간 조선 백성 1,400여 명을 데리고 오며 서울 선릉과 정릉을 파헤친 범인을 잡아 조선으로 보낼 것을 약속받았다. 그 당시 사명당의 전설 같은 모습을 경북 김천시 직지사 사명각에 그림으로 남겼고 충북 제천시 덕산면 월악리 신륵사에서 「사명대사행일본지도」 그림을 만날 수 있다.

〈김천 직지사 사명당 시험도〉

나무꾼에 업힌 인조

1636년 4월, 조선의 사신이 후금의 서울 심양에 가니 청나라로 이름을 바꾸고 임금인 태종을 황제로 올리는 즉위식이 있었다. 청나라를 황제의 나라로 인정하지 못하는 조선 사신은 세 번 절하고 절할 때마다 이마가 바닥에 닿을 듯 세 번씩 숙이는 '삼배구고두례'를 거부하고 뻣뻣이 서 있다가 몽둥이찜질을 당했다. 청나라가 그해 12월에 조선을 쳐들어오자 1637년 1월 30일 항복하고 소현세자와 십만여 명의 백성이 포로로 끌려갔다. 인조가 삼전도에서 이마에 피를 흘리며 삼배구고두례를 하고 해 질 녘 궁궐로 돌아올 때였다. 잠실 부근에서 개, 돼지처럼 청나라 군사에게 붙잡힌 백성이 "우리 임금이시여! 우리 임금이시여! 우리를 버리고 가십니까?"라고 울부짖었다. 그렇게 참담한 마음으로 돌아온 곳이 창경궁의 양화당이다. 그날 밤, 동생 영창대군을 죽이고 새어머니를 덕수궁에 가둔 일과 명나라의 은혜를 배신했다는 구실로 광해군을 몰아내기 위해 창칼을 꼬나들던 세검정의 모습이 주마등처럼 떠올랐을 것이다.

〈서울 삼전도비 그림〉

〈서울 세검정〉

청나라는 조선과 남한산성 조약을 맺으며 조선의 포로들이 압록강을 건너간 후 조선으로 도망하여 오면 무조건 청나라로 잡아 보낼 것을 약속했다. 이런 까닭에 청나라에서 탈출하여 고향으로 돌아온 조선 백성 600여 명을 붙잡아 되돌려 보냈다고 『인조실록』에 기록했다. 그리고 인조는 백성에게 사과문을 썼다.

"임금이 부족하여 무고한 우리 백성이 이역에 잡혀가서 부모 형제가 그리워 죽음을 무릅쓰고 탈출하여 돌아왔으나 남한산성의 조약에 따라 이들을 찾아 되돌려 보내니 자식은 부모를, 남편은 아내와 이별하고 있다. 이 일은 임금이 잘못해서 빚어진 일이고 백성의 부모가 되어 차마 할 수 없는 일이다. 백성이 나를 꾸짖고 원망한다 해도 모두 내가 잘못한 것이다."

그래도 임진왜란 때는 일본에 가서 잡혀간 백성들을 데려왔다. 병자호란 이후에는 목숨을 걸고 탈출해 고향으로 돌아온 조선 백성들을 이 잡듯이 잡아내 죄인 다루듯 청나라로 보내니 어찌 나라라고 할 수 있겠는가? 서울의 송파구 잠실 호수 들머리에 있는 「삼전도비」가 그때의 일을 말해주고 있다. 지금도 가끔 삼전도비를 보면 조선 최고의 외교관인 영의정 최명길과 홍문관 대제학 이경직이 떠오른다. 삼전도 비문을 쓴 이경직은 글 배운 것을 탓하며 "큰 강 머리에 우뚝 솟은 빗돌, 삼한은 황제의 은덕으로 만년을 가리라."라고 했다. 이러지도, 저러지도 못하는 상황에서 맞이한 극심한 정신적 고통을 엿볼 수 있다.

서울시 송파구 오금동의 송파도서관 뜨락에 동상이 하나 있다. 인조가 피난할 때 눈이 내려 남한산성으로 오르지 못해 나무꾼의 등에 업힌 모습이다. 나무꾼 서흔남이 임금님을 등에 업고 남한산성 행궁으로 들어갔고 인조는 고마움의 표시로 곤룡포를 벗어 주었으며 하급 군인인 '별군관' 벼슬도 내렸다. 『인조실록』에 서흔남이 청나라 군사의 삼엄한 포위망을 드나들며 도원수와 황해도 병사, 전라도 감사의 편지를 가지고 돌아왔다는 기록이 있다. 그가 죽음을 맞이하자 곤룡포를 함께 묻고 묘비를 세웠는데 지금은 경기도 광주시 남한산성면 지수당 옆 연못가에 있다.

〈서울 인조 동상〉

불취무귀 정조

1777년 7월 27일 밤중에 경희궁의 흥정당에 임금님의 목숨을 노리는 자객이 들었다가 도망간 사건이 일어났다. 태령전에 모시던 영조의 신주를 창경궁 문정전에 옮기고 정조 임금도 창덕궁으로 거처를 옮겼다. 그런데 8월 11일 밤중에 또 창덕궁 경추문 담장을 넘는 자가 있어 이를 잡으니 정조 임금의 목숨을 노린 반역자였다.

〈화성행궁 봉수당〉

    정조 임금은 후원에 규장각을 세워 정3품 아래의 관리를 뽑아 연구에 전념하게 하고 3년이 지나면 각 부처로 돌아가 정책에 반영하도록 하는 '초계문신제도'를 시행하였다. 임금이 직접 강의하고 평가하는 연구 과정을 통해 초계문신들은 자연스레 학문과 정치의 중심 구실을 하게 되었고, 이들을 통해 정치적 꿈을 펼치니 세종대왕의 집현전에 버금가는 큰 구실을 하였다. 그러면서 인정전 뜨락에 양쪽으로 정1품에서 정9품까지 품계석을 세워 관리들의 질서를 정리하였다.

    강력한 지도력을 지닌 정조 임금은 아버지 사도세자의 묘를 조선 최고의 명당 수원도호부 객사 뒤 화산으로 옮기고, 수원 읍성을 통째로 팔달산 아래로 옮기면서 성을 쌓고 행궁을 마련했다. 어머니 혜경궁 홍씨 회갑 잔치를 화성 행궁에서 벌이니 관료와 종친, 궁중의 식구 모두에게 화성으로 내려가는 불편과 함께 머리를 조아리게 하여 임금의 정치적 힘을 한껏 뽐냈다.

    수원시에서는 정조 임금을 기리며 수원화성박물관 뜰에 강원도 영월에 있는 정조 태실을 본떠 만들었다. 수원시 팔달시장에는 "술 취하지 않으면

집에 가지 못한다."라며 백성을 사랑하는 마음을 담아 술잔을 권하는 정조 임금 동상을 세워 '불취무귀'로 이름하였다. 수원화성박물관 뜨락에 강원도 영월에 있는 정조 태실을 본떠 만든 태실비에는 '정종대왕태실'이라고 새겼으나 잘못 새긴 것이 아니라, 고종이 황제에 오르며 종(宗)이 조(祖)로 바뀐 '정조선황제'로 이름을 올린 역사의 한 장면이다.

〈화성 융릉〉

〈수원 정조 불취무귀 동상〉

궁궐의 뒤뜰

경복궁 뒤뜰

어느 대통령이 청와대를 국민에게 돌려줬고 그 청기와를 올린 집이 경복궁 뒤뜰이다. 현재 남아 있는 건물은 오운정과 침류각이 있어 찾는 이를 반갑게 맞이한다. 오운정은 오색구름을 뜻하는 사각 정자로, 사방에 문짝을 들어 올릴 수 있으며 쪽마루에 완자살난간을 둘렀다.

〈청와대 침류각〉

마당에 두멍을 둔 침류각은 띠살문 아래에 빗정자살을 정교하게 끼운 문짝이 화려함의 극치를 보여 주며 동쪽 두 칸의 초가가 운치를 더한다. 침류각은 '수석침류'의 준말로 '양치할 수(漱)', '돌 석(石)', '베게 침(枕)', '흐를 류

(流)' 글자를 써서 돌로 양치질하고 흐르는 물을 베게 삼는다는 뜻으로 억지를 부리는 것인데 원래 글은 '침석수류'라고 하여 자연과 함께하는 삶을 뜻한다.

〈영광 융문당〉

〈청와대 반송〉

청와대 상춘재 너른 공터에서 관리들이 모여 시를 짓고 활을 쏘며 군사 사열을 하던 융문당·융무당이 있었는데 일제강점기 집을 헐어다가 용산의 일본 절집으로 사용하였다. 현재 융문당은 전남 영광군 백수읍 영산선학대학 옆에 원불교창립관 현판을 걸었고, 융무당은 백수읍 대신리 우리 삶 문화 옥당 박물관 부속건물로 쓰인다. 상춘재 너른 마당 한가운데 천연기념물로 지정된, 밑동부터 여러 갈래로 갈라져 우산처럼 자라는 반송 한 그루가 있다. 그 옆에는 나뭇가지를 말채찍으로 사용했다는 말채나무와 회화나무가 오랜 세월의 역사를 기억하고 있다.

경희궁 황학정과 연지

경희궁 뒤뜰에 있던 집으로 일제강점기 사직동으로 옮긴 황학정은 귀하게도 황색 글씨의 현판을 걸었다. 바위에 팔경을 새겨 아름다운 경치와 함께 활을 쏘던 곳임을 알린다. 경희궁의 춘화정 연못은 큰 돌을 안팎으로 파고 반달 모양으로 깎아 안쪽에 두 마리 잉어와 여의주, 윗면 테두리에 짐승 셋을 두고 그 아래 모란꽃을 새겼다. 현재 성곡미술관 현관의 장식품이 된 연못은 이곳까지 궁궐의 영역이었음을 알리기에 경희궁을 찾을 때마다 빠트리지 말아야 할 소중한 곳이다.

〈경희궁 황학정〉

〈경희궁 춘화정 연지〉

창덕궁 뒤뜰

　창덕궁 후원은 남으로 흐른 능선과 동으로 내린 골에 부용지, 애련지, 관람지 등 연못을 팠다. 그리고 응봉에서 내리는 물줄기를 받아 곳곳에 정자를 세웠기에 오르내리는 품까지 팔아야 그 아름다움을 쏠쏠히 느낄 수 있다. 특히 부용지는 우리나라 정원의 국가대표 자격으로 세종시에 있는 국립세종수목원 '한국 전통 정원'으로 꾸며져 많은 사람의 사랑을 받고 있다.

부용지

　동쪽으로 흐른 골 아래 물이 고여 연못이 되고 가운데 솔과 진달래 등이 자라는 둥근 섬이 있다. 이름하여 '천원지방'이다. '둥근 것은 하늘이고 모난 것이 땅.'이라는 우주관에 따른 것이다. 인조 때 청나라는 "태양을 중심

〈창덕궁 부용지〉

으로 둥근 지구가 돈다."라는 서양의 지동설을 천문학으로 공식 인정하였으나 조선은 120여 년이나 지난 영조 때 공식적으로 인정하는 학문적 굼뜸을 보였다.

부용지 물을 뿜어내는 곳에 오얏꽃을 새겼고 담장을 두른 사정기비각 안에 숙종 때 우물에 대한 감회를 새긴 비석이 있다. 백성의 비각은 홍살을 끼우는데 이곳은 초록 살을 썼고 앞문에도 초록 띠살을 꽂았다. 물 나가는 모서리에 다듬은 돌을 맞대고 잉어를 새겼는데 제례 때 손을 씻는 그릇 '관세기'의 잉어를 똑 닮았다. 잉어를 새긴 돌을 석축에 끼우지 않고 위에 올려놓아 상상의 나래를 펴게 한다. 퇴계 이황 선생이 쓴 경복궁 사정전 상량문에 "도덕을 논한 임금과 신하는 물과 물고기이다."라고 하여 임금과 신하는 물과 물고기처럼 떼려야 뗄 수 없는 관계임을 알리기는 하나 참으로 속내를 알 수 없다.

〈부용지 잉어돌〉

〈관세기 잉어〉

부용정은 연못에 걸터앉아 두 다리를 물에 담그고 주합루와 마주하며 마루와 난간을 한 단씩 높게 만들어 임금님 자리를 알린다. 문살도 돌아가며 띠살문을 걸었는데 구별하여 화려한 완자살창을 걸고 바깥으로 굽은 난간과 차별하여 수레바퀴 모양을 끼운 난간을 놓았다. 문 옆에 기둥 하나씩을 더 놓아 반 칸씩 볼록볼록 내밀어 가운데 마루방을 둘러 가는 복도 공간을 마련하였다. 십자 용마루 모임에 호리병 장식을 두고 양 끝에 취두를 올렸는데, 예전에는 보이지 않았으나 수원 화성의 방화수류정 호리병 장식 제작 도면을 근거로 복원하였다지만 같은 모양으로 만든 것은 아니다.

〈부용지 부용정〉

〈부용지 주합루〉

주합루는 덕수궁 석어당과 다르게 지붕이 하나인 이 층 집으로 대청과 온돌을 갖춘 아래층을 도서관으로 꾸며 규장각이라 하고 위층을 주합루라고 하였다. 어수문 아래까지 다랑이 꽃밭을 만들고 계단을 놓은 주합루는 우주와 합하여 하나가 된다는 의미이다. 서향각은 책의 향기를, 북쪽의 희우정은 반가운 비가 내림을 기뻐한다는 뜻을 담았다. 제월광풍관은 비 갠 뒤 맑은 달빛과 바람을 의미하고 동쪽에 구름을 흐트러지게 한다는 불운문은 기오헌으로 나갈 수 있다.

〈주합루 어수문〉

〈어수문 현판〉

〈어수문 쌍룡〉

어수문 계단 소맷돌은 태극 셋을 새긴 북 모양 돌이고 문기둥 받침목에 태극 셋을 새겼으며 기둥에 넝쿨을 새긴 판자를 안팎에 둘렀다. 초록 띠살문에 마름꽃 창을 내고 문머리에 붉은 해를 두었으며 발가락 다섯 개의 용 한 쌍을 조각하였다. 그 위에는 호리병과 뿔 술잔, 귀한 책, 엽전, 마름모꼴을 엮어 여백을 파내고 모서리에 박쥐를 두었다. 처마 아래 어수문 현판은 세로로 써서 걸었다. 옆으로 쓰면 물과 물고기가 친구 같은 느낌을 주는데 위에서 내려쓰니 물고기와 물 사이에 수직적 질서가 엿보인다.

대나무 울타리 사이에 끼인 초록문에 눈길이 간다. 앞면에 판자를 켜켜로 이어 지붕으로 삼고 무지개 모양에 맞춰 나란하게 서까래를 내밀었다. 그 아래 부채꼴 판자문의 여백을 파내고 굵은 넝쿨에 바람길을 낸 단출한 모습이 화려한 어수문과 비교가 된다.

〈부용지 영화당〉

영화당은 서쪽 언덕 높이에 맞춰 동쪽에 장대석을 쌓아 터를 닦고 기둥을 올린 집으로 동쪽 계단이 급한 경사를 이룬다. 대청 북쪽에 벽을 치고 온돌을 놓았고 툇마루는 밖으로 굽은 난간을 세웠다. 팔작지붕에 용머리만 올렸고 북쪽 담장 문 바닥에 놓인 네모난 틀이 연못이 있던 흔적을 알린다.

남쪽 계단 옆 돌기둥에 호족반을 새기고 그 위에 둥글게 돌을 다듬어 구슬 띠를 두고 사각형 윗돌에 모란꽃을 새겨 해시계를 올렸다. 높게 올려 보이는 영화당은 황금색 글자 현판을 걸어 위엄을 더하였는데 아름다운 경치가 꽃과 함께 잘 어울린다는 뜻이다. 현판에도 질서가 있는데 으뜸은 글자가 황금색, 버금은 흰색이며 검은색 바탕이 흰색 바탕에 앞선다. 앞마당을 춘당대라 하는데 건너편 능선 중턱에 있는 창경궁의 관덕정까지 포함하는 너른 공간이다. 이곳에서 글을 짓고 활쏘기 등 무예를 겨루는 과거 시험을 통해 우수한 사람을 뽑았다. 판소리 「춘향전」에서 이몽룡의 과거 시험 제목이 이곳의 이름을 딴 '춘당춘색고금동'으로 "춘당대의 봄빛은 예나 지금이나 변함없네."라는 뜻이다.

〈영화당 해시계 받침돌〉

애련지

연경당을 감돌아 내린 물줄기가 잠시 숨을 고르고 내려와서 연꽃을 피우니 애련지라 하고 능선 아래 정자를 지었다. 낮은 담장에 큰 돌을 'ㄷ'자로 다듬어 세우고 늙지 않는다는 불로문 이름을 새겼다. 세월이 켜켜로 내려앉은 키 큰 나무가 유난히도 많아 시원함을 가득 안겨 주는 곳에 애련지가 있고 건너편에 바짓가랑이 걷어 올린 애련정이 있다. 하늘로 쏟아지는 붉은 단풍과 정자에 초록 새싹이면 더 좋고 한여름 짙은 향기 뿜어내는 연꽃을 만나면 그 더욱 좋으리. 능선에 기대어 남쪽을 향해 앉은 애련정은 추녀마루 모임에 청동 호리병 장식을 올리고 안에는 우물마루를 놓고 기둥 사이에 널판자를 걸어 걸터앉을 수 있도록 하였다. 숙종은 "국화는 도연명이 사랑하고, 모란은 여러 사람이 사랑하였으며, 연꽃은 주돈이가 사랑했다. 좋아함은 비록 같을지라도 마음에는 얕고 깊음이 있으니, 내가 연꽃을 사랑함은 더러운 곳에서 변치 않으며 깨끗한 것이 군자의 덕을 지녔다."라고 하였다.

〈애련지 애련정〉

〈애련지 영물 사자개〉

〈애련지 불로문〉

〈애련지 기오헌〉

　기오헌은 애련정과 마주하고 뒤로 급한 계단 위의 불운문을 두어 주합루와 이어지고 마당 끝에 운경거 작은 집이 있다. 동쪽 금마문은 한나라 미앙궁의 대문으로 문 옆에 청동 말을 두었기에 이름하였다. 이곳에서 벼슬 없는 학자들이 황제의 부름을 기다렸는데 효명세자가 품은 마음을 그대로 표현한 것이다. 서쪽 석거문은 책을 교정하거나 책을 그대로 써서 또 한 권의 책을 만드는 한나라 미앙궁의 도서관에서 이름을 따왔다.

〈기오헌 금마문〉

〈기오헌 석거문〉

기오헌은 누마루를 갖춘 집으로 밖을 내다보는 온돌방의 '눈꼽재기창'과 옆면 부엌으로 난 문이 묘하게 어울린다. 봄날처럼 아름답고 화창하다는 영춘루는 동쪽으로 문을 내 편히 드나들게 하였고 운경거는 한 칸 반짜리 집으로 악기를 보관하였다. 기오헌은 거침없이 호방한 마음을 맡긴다는 뜻이다. 「동궐도」에는 무릎 하나 뻗을 만큼 좁은 방이라도 편안함을 알겠다는 뜻의 이안재로 이름하였다. 집 한 채가 의두합, 기오헌, 이안재 등 이름 셋으로 불렸다.

어려서부터 총명한 효명세자는 비좁은 기오헌에서 책과 음악을 즐겼고 궁궐에서 나와 박규수, 김정희 등을 만나 일그러진 조선의 모습을 이야기하며 새로운 세상을 그리려 했다. 할아버지 정조 임금을 본받아 외척 세력에 맞서려고 임금의 부름을 기다리던 효명세자의 눈물겨운 노력에 애잔한 마음이 더한다. 홍경래 난 등으로 사회가 어지러운 가운데 '신안동 김씨'의 세력에 시달리던 순조는 1827년에 세자에게 정치를 맡긴다. 효명세자는 개혁의 방편으로 아버지 순조와 어머니 순원왕후를 위한 잔치를 열어 노랫말과 음악을 통해 왕실의 위엄을 되찾으려 하였다. 애쓰던, 그렇게 애쓰던 효명세자는 1830년에 숨을 거두매 한껏 기대를 모았던 400여 년을 이어온 조선은 돌이킬 수 없는 길로 깊이깊이 빠져들게 된다.

길옆 창경궁 담에 붙어 자라는 뽕나무는 나이 400여 살에 키 12m로 가슴 높이에서 여러 가지로 뻗어 자라는데 궁궐에서 누에 친 것을 알려준다.

관람지

「동궐도」에 네모나고 둥근 연못이 셋 있었는데 언젠가 호리병 모양이 되었고, 호리병이 한반도가 거꾸로 놓인 모양으로 변하며 정자들이 오밀조밀 녹아들었다. 관람지에 푹 빠진 부채꼴 모양의 관람정이 기둥 둘을 못에 들이고, 부채 같은 처마를 연못으로 펼쳤다. 마루 끝에 조롱박이 난간대를 받치고 기둥에 화려한 낙양각을 걸었으며 가운데 서까래 천장과 양쪽의 부챗살 서까래가 좋은 대비를 보인다.

〈창덕궁 관람지〉

 널마루 끝에 꽃무늬를 두고 여백을 뚫은 난간에서 그림자와 여백으로 들어오는 햇빛의 아름다움은 도저히 표현할 재간이 없다. 물고기가 튀어 오르듯 살짝 굽은 파초잎에 쓴 현판을 읽는 맛 또한 일품인데 파초는 세상에서 널리 인정받는 최고의 영광을 의미한다. 건너편에 불쑥 나타난 왜가리, 한여름에 만난 왜가리가 능숙한 솜씨로 물고기 사냥을 보여 주는데, 욕심일까? 흰 깃털의 백로 그림도 함께 그려 본다.
 존덕정 무지개다리 앞에서 만난 연꽃 기둥은 팔각 받침에 구슬 기둥 세우고 마름꽃 안에 모란을 새겼다. 연잎 위에 둥근 돌 셋을 올리고 각각 구슬 띠를 둘렀으며 연꽃 새긴 돌 윗면에 구멍을 뚫어 장식을 올렸다. 맞은편에 묘하게 생긴 돌을 담은 팔각 돌함지는 장구 모양인데 마름꽃 안에 건강하게 오래 사는 영지버섯을 새겼다. 가운데는 끝없이 이어지는 고리 매듭을 두었고 위에는 부귀영화를 상징하는 모란꽃을 새겼다.

〈관람지 관람정〉

〈관람정 천장〉

무지개 한 틀 위에 놓인 다리는 양쪽에 기둥 셋을 세우고 마름꽃을 새긴 판석을 끼워 난간을 만들었다. 존덕정 앞에 아래가 좁고 위가 넓은 불안한 돌기둥에 넝쿨과 구름을 새기고 윗면에는 너른 사각의 홈을 파냈다. 『창덕궁 전통 경관 고증연구』에 의하면 영화당의 해시계 받침돌이 이 사각 돌기둥의 받침돌이라고 한다. 보고서가 맞다면 서둘러 예전의 모습을 찾길 바라는 마음이다.

존덕정은 굵은 기둥 여섯이 지붕을 받치고 밖으로는 세 개씩 모두 18개 기둥으로 바깥 지붕을 받치는 육각형 겹지붕 정자로 청나라 심양에 있는 팔각형 대정전 건물과 비슷하다. 네 모서리 기둥은 석축 위에 두고 두 모서리는 반달 못 돌기둥에 올리고 마루 안쪽은 마름꽃 창을 낸 난간을 둘렀고 마루 바깥은 완자살난간을 둘렀다. 기둥 위에는 마름모꼴을 파낸 머름에 박쥐와 넝쿨 낙양각을 걸었으나 반달 못 기둥에는 채광창을 두고 창문을 단 흔적이 있다.

덕을 존경한다는 존덕정은 천장 가운데 사각 틀을 짜고 육각 판을 끼워 발가락 5개의 오조룡, 청룡과 황룡을 새겼으며 주변을 꽃과 구름으로 가득

채웠다. 바깥 지붕은 서까래만 걸고 추녀마루가 모이는 곳에 청동으로 만든 호리병을 얹었다. 존덕정에는 정조 임금이 '만천명월주인옹자서' 편액을 걸어 "달은 하나뿐인데 냇물은 1만 개나 되지만 달이 뜨면 모든 냇물에 달이 비친다."라고 하였다.

〈관람지 존덕정〉

〈존덕정 연꽃기둥〉

〈존덕정 쌍룡〉

폄우사는 대청과 마루방을 갖춘 집으로 앞면에 난간 없는 쪽마루를 두고 대청에 난간을 두었다. 효명세자가 책 읽던 폄우사는 어리석은 사람에게 돌 침을 놓아 깨우치게 한다는 뜻이며 현판에 정자 사(榭) 글자를 사용한 희귀한 집이다.

〈관람지 폄우사〉

관람지를 내려 보는 언덕 위에 땅을 고르고 올린 승재정은 쪽마루에 마름꽃 창을 내고 넝쿨을 파낸 난간 위에 아자살난간을 또 올렸다. 화려한 완자살창을 두 짝씩 걸어 쓰임에 따라서 들어 올려 사용했다. 추녀마루가 모이는 곳에 호리병 장식을 둔 승재정은 관람지의 아름답고 빼어난 경치를 볼 수 있다는 뜻이다.

〈관람지 승재정〉

존덕정 은행나무 뒤에 있는 청심정은 숲으로 가려 보이지 않으나 서까래의 붉은 단청이 흰색 공간과 잘 어울리며 추녀마루 모임에 호리병 장식을 얹었다. 정자 앞 돌연못은 '빙옥지'라 이름하고 존덕정 옆 반달 못에서 물을 박차고 솟는 거북을 올렸다. 거북 뒷다리에는 물보라를, 등에는 물이 흘러내리는 무늬를 새겨 긴장감을 높였는데 정자에서 보면 임금님 부름을 받고 숨을 헐떡이며 막 오르는 느낌을 지울 수 없다. 거북 등에는 문패 같은 평면을 만들고 세로로 빙옥지라 크게 새겼는데 청심정은 맑은 마음, 빙옥지는 맑고 깨끗하다는 뜻이다. 빙옥지의 테두리와 거북돌에 먹물을 입히고 앞에 도토리 몇 알 놓은 것이 재미있다. 취규정에서 연경당으로 내려가는 오솔길로 접어들면 왼쪽에 있으나 공개하지 않는 곳이다.

〈관람지 청심정 빙옥지〉

옥류천

창덕궁 후원의 가장 깊숙한 곳, 산등성이가 주위를 아늑히 감싼 좁은 공간이 제법인 곳, 차고 맑은 물 떨어지는 소리와 바람, 새, 나무들의 속삭임만 들리는 이곳에 소요암의 폭포 소리에 묻힌 소요정이 있다. 세월이 켜켜로 내려앉으며 속이 텅 빈 두 그루 주목 너머로 태극정과 청의정이 능선을 둘렀다. 아래쪽 깊숙한 곳에 살림집 같은 농산정이 숨죽이고 기다리는 그들만의 또 다른 세상이다.

옥류천의 수문장 취규정은 벽이나 창문을 달지 않은 집이다. 화려한 우물반자를 가운데 두고 양쪽은 서까래 천장이며 끝에는 부챗살 서까래인데 한자로 쓰면 선자연(扇子椽)이다. 취규정은 훌륭한 선비들이 임금의 곁으로 모여들어 나라가 평안해짐을 뜻한다. 길 아래에서 오시느라 고생했다고 반갑게 맞아 주는 취한정은 취규정을 빼닮았는데 가운데 출입구만 마름꽃 창을 낸 난간을 형식적으로 두었다. 초록 단청의 서까래 천장에 양쪽을 부챗살 서까래로 마감한 취한정은 푸른 숲으로 감싸여 시원하다는 뜻이다. 옆길에 들면 소요정, 소요암, 태극정, 청의정이 적당한 거리를 두고 단박에 제 모습을 드러낸다. '아! 여기로구나.'

〈옥류천 취한정〉

옥류천 물 떨어지고 흐르는 곳에 세운 소요정은 지붕에 호리병 장식을 올렸다. 사방이 터진 소요정은 마름꽃 창을 낸 난간을 두르고 부챗살 서까래 모임에 연꽃으로 마감하였는데 바위를 감돌아 냇물이 흘러 폭포를 이루니 이보다 더하여 무엇하리오.

〈소요정 부채살천장〉

〈옥류천 소요정〉

소요암 뒤 지붕돌 덮은 샘물과 청의정 골짜기에서 흐르는 물이 모여 너럭바위 안으로 들어가면 가득 고인 물이 물길을 돌고 돌아 떨어지며 폭포를 이룬다. 소요정은 모든 일을 잊고 한가하게 즐긴다는 뜻이고 옥류천은 옥처럼 맑은 물이 흐른다는 뜻인데 숙종 임금은 '비류삼백척'이라 글을 지어 소요암에 새겼다.

〈옥류천 소요암〉

"삼백 척 높이에 물이 날리니,

먼 하늘 가운데서 오는 듯하고,

바라보면 흰 무지개 일어나니,

온 골짜기 천둥소리만 그득하네."

태극정을 마주하고 있는, 속이 터져 다 헤진 주목 한 그루가 마디 굵은 손으로 인사를 건넨다. '얼마나 모진 세월을 겪었으면 이러고도 여태 살아 있을까? 우리도 한평생 살면서 속이 터지네, 마네 하며 괴로운데……'

가을에 볼 수 있는 주목의 빨간 열매는 곤룡포를 염색할 때 쓰여 임금님 나무라고 하여 궁궐에서 많이 심었고 종묘에서도 볼 수 있다.

〈옥류천 태극정〉

〈옥류천 청의정〉

〈청의정 천장〉

　태극정은 계단 아래 정사각형 검은 벽돌을 방석처럼 놓아 격이 높음을 알리고 쪽마루에는 널마루를, 안에는 우물마루를 깔고 기둥과 곳곳에 문을 달았던 흔적이 있다. 화려한 연꽃 문양의 우물반자를 장식한 태극정은 천지가 분화되기 전 모든 기운이 모인 것을 뜻하며 태극기와 의미를 같이 한다. 옥류천 골짜기 물길에 논을 만들고 논바닥에 놓인 청의정은 연꽃 주춧돌 위에 기둥을 세웠다. 얕은 받침돌 위에 널돌을 놓아 다리를 놓고 무지개 위에 오색구름이 피어오르는 바탕에 청의정 현판을 붙였다. 안에는 부챗살 서까래를 올리고 가운데를 둥근 연꽃으로 마감하였으며 지붕 꼭대기에 볏짚으로 상투를 틀어 올렸다. 임금님이 직접 논에 모내기하고 추수한 다음에 이엉을 엮어 지붕을 갈아줌으로써 벼농사의 중요함을 일깨우던 청의정은 맑은 물이 찰랑거린다는 뜻이다. 특히 사각형의 논 안에 둥근 초가지붕을 두른 것은 하늘은 둥글고 땅은 네모라는 천원지방을 의미한다.

〈옥류천 농산정〉

〈창덕궁 다래나무〉

농산정은 산으로 둘러싸인 집이란 뜻으로 대청과 방을 갖추고 양쪽에 방화벽을 쳤으며 북쪽 끝에 부엌을 두었다. 공개하지 않지만 조금 더 들어가면 우리나라에서 나이가 가장 많은 650여 살 다래나무가 자란다. 다래나무는 넝쿨로 기대어 등나무처럼 자라기에 키라고 할 수는 없으나 주먹보다 훨씬 굵은 줄기가 대여섯 개 엉켜 자라기에 2층 높이의 지지대를 세워 받쳐주고 있다.

창경궁 뒤뜰

춘당지 옆에 '팔각칠층석탑'이 있는 까닭을 모르겠으나 몸돌에 1470년 글이 새겨져 있어 명나라 헌종 때 것으로 추정할 수 있다. 성종 태실비는 경기도 광주시 태전동에 있던 것을 일제강점기인 1930년에 연구를 목적으로 옮긴 것이다. '성종대왕태실'이라고 새긴 몸돌을 거북돌 위에 올렸고 뒷면에 성화 7년, 만력 6년, 순치 9년, 도광 3년 등의 글을 새겼다. 이는 태실의 난간과 비석 등을 부분적으로 수리할 때 명나라와 청나라 연호를 사용하였음을 알린다. 태실은 바닥에 팔각 틀을 만들고 받침돌 위에 북 모양 몸돌을 올리고 구슬 띠를 두른 꽃봉오리 장식의 지붕돌을 얹었으며 연꽃 기둥 난간을 세웠다.

〈창경궁 성종대왕 태실〉

대온실은 순종을 위한다는 구실로 1909년에 지은 서양식 온실로 철골구조에 유리로 마감하고 용마루에 오얏꽃을 빼곡히 장식하였다. 대온실에는 열대지방의 꽃나무 등 희귀한 식물을 두었고 복원 후에는 우리나라 자생식물이 자라고 있다. 대온실 앞에 꽃 모양 못과 분수대를 만들고 거북을 넣었으며 어지럽게 갈라진 길을 둔 프랑스식 정원도 함께 만들었다.

〈창경궁 대온실〉

창경궁의 연못은 둘로 나뉘는데 하나는 대온실과 가까이 있는 작은 못 춘당지이다. 그 아래 논이 있던 곳에 큰 연못을 만들었다. 성종은 농업이 나라의 근본 산업이므로 직접 농사를 지어보아야 풍성하고 부족함을 알 수 있다며 벼농사를 짓고 부인은 누에를 쳤다. 춘당지 앞 냇가를 가운데 두고 양쪽으로 11개의 논을 만들어 임금님이 벼농사를 직접 지으니 백성의 어려움을 알게 되고 또 벼 수확량을 예측할 수 있게 되었다. 영조 때 잔치를 벌인 「영화당친림사선도」는 관리들이 앉은 너른 마당인 춘당대와 춘당지, 그 아래 양쪽으로 뚜렷하게 그린 논은 지금은 창경궁의 큰 못으로 바뀌었다.

큰 못의 물 흔들림에 그 끝을 따라가니 원앙이 여럿이라. 도심 한가운데서 만나니 반갑고 서울이 얼마나 환경친화적인 도시인지 새삼 깨닫는다. 오늘은 중대 백로가 한가로이 먹이 사냥을 즐기고 있다.

〈창경궁 큰 못〉

내 고장 문화유산

〈영광 침류정〉

〈청송 침류정〉

청와대 침류각과 같은 현판을 걸은 경북 청송군 현서면의 「침류정」은 의성 김씨가 학문을 연구하던 곳이다. 전남 영광군 불갑면 「침류정」은 주련에서 임진왜란의 상처를 고스란히 알리고 있다.

〈상주 상현리 반송〉

천연기념물로 지정된 반송은 500여 살에 이무기가 살고 있다는 상주 '상현리 반송', 200여 살에 줄기가 여섯 갈래로 갈라져 자라는 문경 '화산리 반송'이 있다. 또한 350여 살로 다른 곳에서 옮겨 심었다고 전하는 무주 '설천면 반송', 안강 노씨가 마을에 처음 들어올 때부터 함께한 나이 400여 살의 구미 '독동리 반송' 등이 있다.

〈문경 화산리 반송〉

〈무주 설천면 반송〉

〈구미 독동리 반송〉

경희궁 황학정처럼 활터는 서울 한양도성 낙산 인근 성곽에 '좌룡정'이라 글을 새겨 활터임을 알렸다. 전북 전주시에 화살을 쏘아 버들잎을 꿴다는 '천양정' 활터가 있다. 창경궁에도 '관덕정'이 있어 활 쏘는 것이 마음을 바르게 하고 훌륭한 덕을 쌓는다는 뜻이다. 정조 임금님이 활을 쏘던 인천 계양구의 '어사대' 암각자가 있고, 남양주시 광릉으로 행차하며 활을 쏜 양주 관아지에 '어사대비'가 있다.

〈서울 한양도성 좌룡정〉

〈전주 천양정〉

〈인천 부평도호부 관아 어사대〉

조선의 3대 정원으로 소쇄원, 서석지, 세연정을 꼽는다. 「담양 소쇄원」은 맑고 깨끗하다는 뜻으로 양산보가 계곡에 어울리게 집과 공간을 구성했다. 경북 「영양 서석지」는 연못 바닥에 울퉁불퉁 솟아난 흰 돌무리가 마치 기암절벽이 솟은 듯하다. 흰 돌무리에 신선이 노니는 선유석, 구름 모양의 상운석, 물고기의 어상석, 별이 떨어진 낙성석 등의 이름을 붙여 선비들의 자연관을 엿볼 수 있다. 서석은 좋은 것을 가져다주는 돌이라는 뜻이다. 보길도 「윤선도 원림」의 세연정은 연못과 바위, 정자와 나무 등을 잘 어울리게 구성하였고 윤선도는 이곳에서 「어부사시사」 등을 남겼다. 세연정은 주변 경치가 물에 씻은 듯 깨끗하고 기분이 상쾌해지는 정자라는 뜻으로 우리에게 남긴 가장 아름다운 선물이리라.

〈담양 소쇄원〉　　　　〈영양 서석지〉

〈완도 보길도 세연정〉

뽕나무는 강원도 정선군 정선읍에 나이 600여 살에 키 14m 남짓 되는 봉양리 뽕나무가 자라는데 우리나라에서 가장 크고 오래됐다. 경북 상주시

은척면 두곡리 뽕나무는 300여 살에 키 12m로 이 고장의 오랜 양잠의 역사를 알리고 있다. 서울 성북구 성북초등학교 옆에 누에 치는 방법을 가르친 중국 고대 서릉씨에게 제사하던 선잠단 터가 있고 서초구 잠원동 잠실 뽕나무는 썩은 고목이지만 우리나라 누에치기의 역사를 살필 수 있다.

〈상주 두곡리 뽕나무〉

서울 동대문구 제기동 '선농단'에서 논갈이를 마치고 임금님이 백성들과 함께 드셨다는 국밥이 오늘날 설렁탕으로 전한다.

〈서울 선잠단 터〉

〈서울 선농단〉

경남 사천시 곤명면에 있는 「세종대왕 태실」은 임진왜란 때 도굴당하는 수모를 겪었다. 경북 성주군 월항면에 「세종대왕자 태실」은 처음에 무덤을 썼던 성주이씨 이장경의 묘를 옮기고 세종대왕의 왕자 태실을 앞에 11기, 뒤에 8기 등 모두 19기를 썼다. 서산시 운산면 태봉리 봉우리에 「명종 대왕 태실」이 있는데 바위에 그 내력을 새겼다. 일제강점기 조선의 정기를 끊으려 임금 태실을 모조리 파헤치고 태항아리를 꺼내고 고양시 서삼릉 영역으로 옮겨 묘비처럼 줄을 세웠다.

〈사천 세종대왕 태실 석물〉

〈고양 서삼릉 태실〉

〈서산 명종대왕 태실〉

창경궁의 '팔각칠층석탑'을 보니 잡석으로 쌓은 탑들이 떠오른다. 충북 단양「사지원리 방단적석유구」는 태조탑으로 불리는데 발굴 결과 '청동불상광배'가 출토되었고 7세기 작품으로 보고 있다. 충주「부흥사 방단적석유구」는 산의 경사면에 의지하여 사각뿔 모양으로 쌓은 키 8m의 탑으로 '부흥산신위'라 새긴 비석이 있다. 의성「석탑리 방단형적석탑」은 동쪽과 남쪽이 6층으로 네 곳에 불상을 모시며 세 탑 중에서 확실한 탑 모습을 보인다. 안동「태사동 모전석탑」은 천지갑산 중턱 바위 위에 자연석을 차곡차곡 벽돌처럼 쌓아 올린 탑으로 통일신라시대 작품으로 보고 있다.

〈안동 태사동 모전석탑〉

〈의성 석탑리 방단형 적석탑〉

〈충주 부흥사 방단적석 유구〉

찬 바람이 잦아들면 궁궐도 창문을 활짝 열어 햇빛을 들이고 방 안의 공기도 바꿔주는 봄맞이를 한다. 매화, 진달래, 살구꽃 향기 가득한 때 한 번쯤 궁궐을 찾는 것도 색다른 맛이다.

미국의 월트 디즈니 콘서트홀 설계로 유명한 세계적인 건축가 '프랭크 게리'가 2012년에 「종묘 정전」을 방문하고 남긴 말이 생각난다.

"살아있는 느낌이 드는 종묘처럼 장엄한 공간은 어디에서도 찾기 어려운데, 비슷한 느낌을 주는 건축은 아마도 파르테논 신전 정도일 뿐이다. 대한민국 사람들은 이런 건축물이 있다는 것에 감사해야 한다. 종묘는 세계 최고의 건축물이다."

참고문헌

단행본

- 경기도박물관, 열에 일곱 -경기도박물관 초상화 기획전-, 경기도박물관, 2022.
- 곽 경, 오사카의 여인, 어문학사, 2015.
- 구본준, 세상에서 가장 큰 집, 한겨레출판, 2016.
- 국가유산진흥원, 국유정담 제409호 -생로병사의 비밀-, 국가유산진흥원, 2023.
- 국가유산진흥원, 국유정담 제410호 -학교, 조선 시대-, 국가유산진흥원, 2023.
- 국립고궁박물관, 조선 궁중의 잔치 연향, 글항아리, 2013.
- 국립고궁박물관, 국립고궁박물관 특별전 -종묘-, 국립고궁박물관, 2014.
- 국립고궁박물관, 창덕궁 대조전 벽화, 국립고궁박물관, 2015.
- 국립고궁박물관, 국역 영건일감, 국립고궁박물관, 2016.
- 국립문화재연구소, 북궐도형, 국립문화재연구소, 2006.
- 국립중앙박물관, 새 보물 납시었네 -신국보보물전 2017~2019-, 국립중앙박물관, 2020.
- 궁중유물전시관, 종묘대제 문물, 궁중유물전시관, 2004.
- 김동욱, 실학 정신으로 세운 조선의 신도시 수원화성, 돌베개, 2009.
- 김문식·김정호, 조선의 왕세자 교육, 김영사, 2003.
- 김봉렬, 김봉렬의 한국 건축 이야기, 돌베개, 2008.
- 김영철, 조상의 숨결을 찾아서, 체온365, 2017.
- 김홍식, 조선시대 궁궐의 막새기와 문양과 장식기와, 민속원, 2009.
- 문동석, 문화로 보는 우리 역사, 상상박물관, 2008.
- 문화재청, 동궐도 읽기, 문화재청, 2005.
- 문화재청, 궁궐의 현판과 주련, 수류산방, 2007.
- 문화재청, 경복궁 영건일기로 본 경복궁 중건, 문화재청 궁능유적본부, 2021.
- 미술사연구회, 2023 미술사연구회 추계학술대회 논문집 -벽화 시대를 담다-, 미술사연구회, 2023.
- 박영환, 도설천하 논어, 시그마북스, 2014.

- 박종인, 매국노 고종, 와이즈맵, 2021.
- 서울역사박물관, 경희궁은 살아있다 −서울 2000년 역사문화 특별전−, 서울역사박물관, 2015.
- 서울역사편찬원, 국역 경복궁 영건일기, 서울역사편찬원, 2019.
- 서울초등사회교과교육연구회, 초등 사회과 교육 제49호 −조선의 서원− 서울초등사회교과교육연구회, 2018.
- 세종대왕유적관리소, 조선시대 해시계와 앙부일구, 세종대왕역사문화관, 2020.
- 신동준, 시경 −세계 최고의 노래 모음집−, 인간사랑, 2016.
- 신명철, 주련 따라 떠나는 여행, 상상박물관, 2019.
- 신병주, 우리 역사 속 전염병, 매경출판, 2023.
- 유근표, 서울성곽 육백 년, 도서출판 기파랑, 2017.
- 이덕일, 조선 왕을 말하다, 위즈덤하우스, 2010.
- 이동연, 조선왕조실록 500년 리더십, 평단, 2023.
- 이상주, 왕의 영혼 조선의 비밀을 말하다, 다음생각, 2012.
- 이영호, 임진왜란의 명장 일옹 최희량, 문자향, 2008.
- 이종근, 한국의 옛집과 꽃담, 생각의 나무, 2010.
- 이호일, 문화유산 왕릉, 한국문원, 1995.
- 임경빈, 천연기념물 식물편, 대원사, 1993.
- 장영훈, 궁궐을 제대로 보려면 왕이 되어라, 담디, 2006.
- 장준하, 돌베게 −장준하의 항일 대장정−, 돌베개, 2021.
- 전주이씨대동종약원, 조선의 태실, 전주이씨대동종약원, 1999.
- 질기환, 공자성적도, 명문당, 2020.
- 최영하, 정무공 세가 필첩, 서예문화사, 2014.
- 최인호, 유림, 도서출판 열린원, 2005.
- 한명기, 최명길 평전, 상지사, 2019.
- 한상우, 야은 길재 조선 선비의 길을 열고 숲을 일구다, 학지사, 2015.
- 허 균, 궁궐 장식 조선왕조의 이상과 위엄을 상징하다, 돌베개, 2020.
- 홍순민, 우리 궁궐 이야기, 청년사, 1999.

학술 보고서

- 경기도박물관, 양주 회암사지 시굴 조사보고서, 경기도박물관, 2001.
- 국립고궁박물관, 조선 왕실의 상징 종묘와 사직, 국립고궁박물관, 2012.
- 국립문화재연구소, 창덕궁 금천교 발굴 조사보고서, 국립문화재연구소, 2002.
- 국립문화재연구소, 최후의 진전 -창덕궁 신선원전-, 국립문화재연구소, 2010.
- 국립문화재연구소, 2013 국제 학술 심포지엄 논문집 -경복궁 석조조형물 연구 및 중국·베트남과의 비교-, 국립문화재연구소, 2013.
- 국립문화재연구소, 경복궁 건축유적 자료집 -흥복전 편-, 국립문화재연구소, 2014.
- 문화재청, 종묘 정전 실측 조사보고서, 문화재청, 1989.
- 문화재청, 창덕궁 인정전 행랑 중건 공사보고서, 문화재청, 1999.
- 문화재청, 경복궁 침전 지역 중건 공사보고서, 문화재청, 2000.
- 문화재청, 칠궁의 연혁 및 수리 공사보고서, 문화재청, 2000.
- 문화재청, 경복궁 근정문 수리보고서, 문화재청, 2001.
- 문화재청, 경복궁 흥례문 권역 중건 공사보고서, 문화재청, 2001.
- 문화재청, 창덕궁 반도지 보수 정비공사 준공보고서, 문화재청, 2002.
- 문화재청, 경복궁 근정전 보수공사 및 실측 조사보고서, 문화재청, 2003.
- 문화재청, 창덕궁 정자 실측·수리보고서 -상량정, 태극정, 능허정-, 문화재청, 2003.
- 문화재청, 창덕궁 희정당 신관 실측·수리보고서, 문화재청, 2003.
- 문화재청, 경복궁 아미산 굴뚝 정밀실측 조사보고서, 문화재청, 2004.
- 문화재청, 창덕궁 경훈각 실측 수리보고서, 문화재청, 2004.
- 문화재청, 덕수궁 정관헌 기록화 조사 보고서, 문화재청, 2004.
- 문화재청, 경복궁 장고지 정비계획 학술 조사 연구, 문화재청, 2005.
- 문화재청, 경복궁 집옥재 수리 조사보고서, 문화재청, 2005.
- 문화재청, 경복궁 태원전 권역 조경정비공사 수리보고서, 문화재청, 2005.
- 문화재청, 덕수궁 대한문 실측·수리보고서, 문화재청, 2005.
- 문화재청, 창경궁 옥천교 수리보고서, 문화재청, 2005.

- 문화재청, 창덕궁 규장각·구선원전 권역 후원공사보고서, 문화재청, 2005.
- 문화재청, 창덕궁 승화루 및 일곽 실측 수리보고서, 문화재청, 2005.
- 문화재청, 경복궁 건청궁 중건보고서, 문화재청, 2006.
- 문화재청, 창경궁 통명전 연지 실측 조사 및 수리 보고서, 문화재청, 2007.
- 문화재청, 창경궁의 건축과 인물, 문화재청, 2008.
- 문화재청, 경복궁 함화당 집경당 권역 보수 복원 공사보고서, 문화재청, 2008.
- 문화재청, 세계유산 종묘, 문화재청, 2009.
- 문화재청, 덕수궁 중명전 보수·복원보고서, 문화재청, 2009.
- 문화재청, 덕수궁 함녕전 행랑 복원공사보고서, 문화재청, 2009.
- 문화재청, 경복궁 자경전 및 십장생 굴뚝 실측 조사보고서, 문화재청, 2010.
- 문화재청, 덕수궁 준명당 수리보고서, 문화재청, 2010.
- 문화재청, 창덕궁 인정문 정밀실측 조사보고서, 문화재청, 2010.
- 문화재청, 창경궁 홍화문 정밀실측 조사보고서, 문화재청, 2010.
- 문화재청, 창경궁 환경전 보수공사, 문화재청, 2010.
- 문화재청, 창덕궁 존덕정 수리보고서, 문화재청, 2010.
- 문화재청, 경복궁 광화문 권역 중건보고서, 문화재청, 2011.
- 문화재청, 창덕궁 낙선재 일원 무늬 연구보고서, 문화재청, 2011.
- 문화재청, 덕수궁 덕홍전 융안문 및 행각 복원공사보고서, 문화재청, 2011.
- 문화재청, 덕수궁 즉조당 수리보고서, 문화재청, 2012.
- 문화재청, 환구단 정밀실측 조사보고서, 문화재청, 2012.
- 문화재청, 창덕궁 부용정 해체 실측 조사보고서, 문화재청, 2012.
- 문화재청, 2011 국보·보물 지정보고서, 문화재청, 2013.
- 문화재청, 창경궁 내 석조 문화재 정밀실측조사 설계용역 보고서, 문화재청, 2013.
- 문화재청, 2013 종묘 영녕전 정밀실측 조사 설계 용역보고서, 문화재청, 2014.
- 문화재청, 경복궁 사정전 일곽 정밀실측 조사보고서, 문화재청, 2014.
- 문화재청, 덕수궁 석조전 실측 및 수리보고서, 문화재청, 2014.
- 문화재청, 경복궁 소주방 권역 중건보고서, 문화재청, 2015.

- 문화재청, 덕수궁 석어당 해체 실측 및 수리보고서, 문화재청, 2015.
- 문화재청, 2015년 중요 목조문화재 단청기록화 정밀 조사 -창덕궁-, 문화재청, 2016.
- 문화재청, 창덕궁 애련정 해체 보수공사 수리보고서, 문화재청, 2016.
- 문화재청, 창덕궁 주합루 정밀실측 조사보고서, 문화재청, 2016.
- 문화재청, 창경궁 명정전 월대 수리보고서, 문화재청, 2017.
- 문화재청, 경복궁 광화문 월대 및 동·서십자각 복원 등 고증조사 연구, 문화재청, 2018.
- 문화재청, 덕수궁 광명문 해체 실측 및 이건 수리보고서, 문화재청, 2018.
- 문화재청, 창덕궁 의두합 권역 수리보고서, 문화재청, 2018.
- 문화재청, 구리 동구릉 건원릉 정자각 정밀실측 조사보고서, 문화재청, 2019.
- 문화재청, 종묘 외곽담장 기초현황 자료조사 용역, 문화재청, 2019.
- 문화재청, 창경궁 함인정 보수공사 수리보고서, 문화재청, 2019.
- 문화재청, 창덕궁 성정각 권역 보수공사 수리보고서, 문화재청, 2020.
- 문화재청, 대한제국 황제의 궁궐, 문화재청, 2020.
- 문화재청, 동궐(창덕궁)의 전통경관 고증 및 조경 복원정비 종합계획 연구, 문화재청, 2020.
- 문화재청, 창경궁 명정문 보수공사 수리보고서, 문화재청, 2020.
- 문화재청, 창경궁·사직단 기반 설비 체계 정비 기본계획, 문화재청, 2021.
- 문화재청, 창덕궁 대조전 및 희정당 관람환경 개선공사, 문화재청, 2021.
- 문화재청, 경복궁 향원정 단청 기록화 및 수리보고서, 문화재청, 2022.
- 문화재청, 창경궁 통명전 연지 및 월대 보수공사 수리보고서, 문화재청, 2023.
- 서라벌문화재연구원, 덕수궁 돈덕전 권역 내 유적 발굴 조사보고서, 문화재청, 2019.
- 중앙문화재연구원, 용산 주한미국대사관 이전 부지 내 유적 발굴 조사보고서, 문화재청, 2009.

논문

- 권윤희·김귀석, 조선 후기 호남지방 양반가옥의 심미세계 고찰 –전북 장수의 권희문 가옥을 중심으로–, 문화기술의 융합 제7권 4호, 국제문화기술진흥원, pp.461~469, 2021.
- 김선희, 화성행궁의 현판과 시액, 고궁문화 제7호, 국립고궁박물관, pp.32~57, 2014.
- 김명희, 삼태극의 의미 고찰, 한국교원대학교 대학원, 석사학위 논문, 2008.
- 김영균, 고종~일제강점기 한국 사자상에 대한 인식변화와 분석, 경주대학교 대학원, 박사학위 논문, 2023.
- 김민규, 『경복궁 영건일기』와 여러 상징 연구, 고궁문화 제11호, 국립고궁박물관, pp.52~84, 2018.
- 김성구, 조선의 왕실 마루 장식기와, 동아시아 중·근세 왕실 마루장식기와 국제학술대회 논문집 제2023권, 국립해양문화재연구소 서해문화재과, pp.7~44, 2023.
- 김현숙, 대한제국기 정동의 경관 변화와 영역 간의 경쟁, 향토서울 제84호, 서울역사편찬원, pp.115~157, 2013.
- 남문현, 간의대의 어제와 오늘 –경복궁 과학기술 문화재 복원과 활용–, 고궁문화 제2호, 국립고궁박물관, pp.86~113, 2008.
- 박윤희, 경복궁 사정전 「쌍룡도」 벽화의 설치 배경과 제작 시기 검토, 고궁문화 제16호, 국립고궁박물관, pp.121~150, 2023.
- 박재산, 조선시대 궁궐문의 운영체계에 관한 연구 –동궐도와 북궐도형의 분석을 중심으로–, 한양대학교 대학원, 석사학위 논문, 2014.
- 성남경, 조선 환구제에 관한 일고찰, 대구한의대학교 대학원, 박사학위 논문, 2017.
- 손명희, 선원전의 제물과 제기, 의장, 봉안 어진의 성격과 기능, 미술사학연구 제312호, 한국미술사학회, pp.35~74, 2021.
- 손창일, 석고전의 건축적 특성에 관한 연구, 목원대학교 대학원, 석사학위 논문, 2023.
- 신은숙, 한국 근대 조각의 태동과 전개에 관한 연구, 동국대학교 대학원, 박사학위 논문, 2022.

- 안선호, 조선시대 정각 건축에 관한 연구, 원광대학교 대학원, 석사학위 논문, 2001.
- 안희경, '출궁문로'를 통해 본 고종의 경복궁 운영, 향토서울 제90호, 서울역사편찬원, pp.191~230, 2015.
- 오샛별, 동궐 후원 춘당대의 형성과 기능, 서울과 역사 제107호, 서울역사편찬원, pp.51~98, 2021.
- 온형근·김충식, 창덕궁 와룡매의 환수 문화재로서 문화콘텐츠적 가치, 문화재 제54권 2호, 국립문화유산연구원, pp.136~153, 2021.
- 이경미, 20세기 조선 궁궐의 건축적 변형과정, 향토서울 제60호, 서울역사편찬원, pp.397~439, 2000.
- 이동범, 조선시대 예제건축의 공간구성에 따른 문 형식에 관한 연구, 한양대학교 대학원, 석사학위 논문, 2015.
- 이성준, 경복궁 영제교 천록상 연구, 고궁문화 제11호, 국립고궁박물관, pp.27~50, 2018.
- 이상근, 사찰 창호에 나타난 꽃살문양에 관한 연구, 조선대학교 대학원, 석사학위 논문. 2005.
- 이영한, 종묘 초창시 공간 원형 및 좌향 연구, 향토서울 제58호, 서울역사편찬원, pp.45~75, 1998.
- 이호선·한동수, 경복궁 근정전 월대 석난간에 설치된 서수 조각물의 내용 및 상징적 의미 연구, 건축역사연구 제29권 2호, 한국건축역사학회, pp.75~88, 2020.
- 임수영, 조선시대 사자상의 도상적 변화 −사자와 해치의 관계성−, 경주대학교 대학원, 박사학위 논문, 2017.
- 전나나, 19~20세기 궁궐 정전의 용향로에 관한 고찰, 고궁문화 13호, 국립고궁박물관, pp.7~29, 2020.
- 장원희, 원구단 재현에 관한 연구, 서울시립대학교 대학원, 박사학위 논문, 2008.
- 정성권, 해치상의 변천에 관한 연구 −광화문 해치상의 탄생과 조성을 중심으로−, 서울학연구 제51호, 서울시립대학교 서울학연구소, pp.181~213, 2013.
- 정정남, 조선후기 산릉의궤를 통해 본 정자각의 도배와 포진, 한국건축역사학회 춘계학술발표대회 논문집 제2008권, 한국건축역사학회, pp.117~120, 2008.

- 최동원, 우리나라 조간대 발굴조사 현황, 동아시아 중·근세 왕실 마루장식기와 국제학술대회 논문집 제2023권, 국립해양문화재연구소 서해문화재과, pp.45~59, 2023.
- 홍성익, 삼척향교의 제례 석물에 관한 연구 -성생단과 망료 석함을 중심으로-, 강원사학 제38호, 강원사학회, pp.135~156, 2022.

홈페이지

- 국가기록원: https://www.archives.go.kr/
- 국가유산청: https://www.khs.go.kr/
- 국립고궁박물관: https://www.gogung.go.kr/
- 국립중앙과학관: https://www.science.go.kr/
- 국립해양유산연구소: https://www.seamuse.go.kr/
- 국사편찬위원회: https://www.history.go.kr/
- 궁능유적본부: https://royal.khs.go.kr/
- 디지털 장서각: https://jsg.aks.ac.kr/
- 서울역사편찬원: https://history.seoul.go.kr
- 조선왕조실록: https://sillok.history.go.kr/
- 학술연구정보서비스: https://www.riss.kr/
- 한국민족문화대백과사전: https://encykorea.aks.ac.kr/

내 고장 문화유산을
만나는 궁궐 여행

1판 1쇄 발행 2025년 9월 30일

저자 신명철   사진 최태규

교정 남상묵   편집 윤혜린   마케팅·지원 이창민

펴낸곳 (주)하움출판사   펴낸이 문현광

이메일 haum1000@naver.com   홈페이지 haum.kr
블로그 blog.naver.com/haum1000   인스타그램 @haum1007

ISBN 979-11-7374-122-7(03910)

좋은 책을 만들겠습니다.
하움출판사는 독자 여러분의 의견에 항상 귀 기울이고 있습니다.
파본은 구입처에서 교환해 드립니다.

이 책은 저작권법에 따라 보호받는 저작물이므로 무단전재와 무단복제를 금지하며,
이 책 내용의 전부 또는 일부를 이용하려면 반드시 저작권자의 서면동의를 받아야 합니다.